La Guida Completa al
MACRAMÈ

2 LIBRI IN 1

Tutto Quello che Devi Sapere sull'Arte
del Macramè. Tanti Progetti per la Tua
Casa, Giardino, Oggetti Personali e Molto
Altro! Edizione Illustrata.

EMILY BROOKS

3

SOMMARIO

LIBRO 1

LIBRO 2

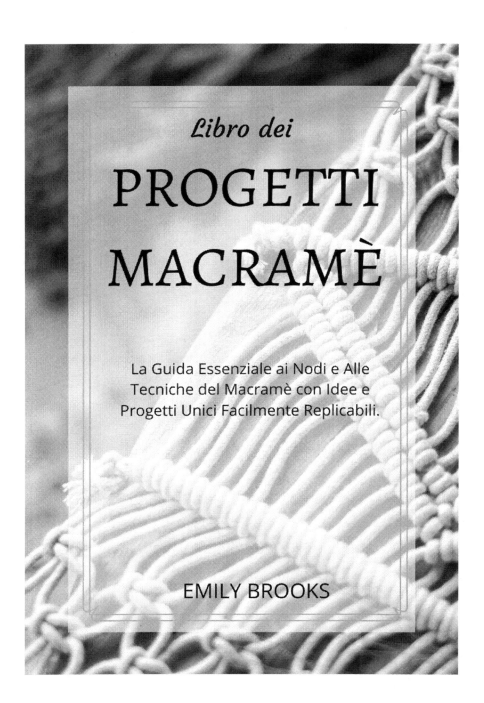

Libro dei

PROGETTI
MACRAMÈ

La Guida Essenziale ai Nodi e Alle
Tecniche del Macramè con Idee e
Progetti Unici Facilmente Replicabili.

EMILY BROOKS

INTRODUZIONE

Il macramè è una forma d'arte tessile che consiste nell'annodare fili al fine di creare ornamenti.

Creare progetti può essere impegnativo per i novizi e sorprendente per alcuni esperti. Hai forse tentato di fare diversi progetti macramè senza alcun risultato? Oppure hai avuto difficoltà a trovare un libro che ti desse tutte le basi necessarie per iniziare e completare un progetto in completa autonomia? Questo libro vi aiuterà a risolvere tutte le difficoltà che hai individuato nella produzione dei vostri lavori di macramè.

La prima e meno complicata tappa per cercare di imparare il macramè, se siete interessati a questo argomento, è capire i nodi di base e alcuni diagrammi. Gli aiuti visivi sono di grande aiuto e renderanno facile l'apprendimento. Infatti, per molte persone è molto più facile seguire foto piuttosto che istruzioni scritte, che possono essere difficili da capire. Una volta che si ha familiarità con un aiuto visivo, ovvero con passaggi illustrati, è il momento di procurarsi i materiali per iniziare.

Oltre agli schemi di nodi di base, dovrete anche essere in grado di concentrarvi e fare un po' di pratica prima di poter memorizzare le procedure e creare nodi equilibrati. Non si impara se si ha fretta, bisogna fare le cose passo dopo passo per ottenere un progetto macramè. Una volta che hai imparato i disegni dei nodi di base, continua ad allinearli per creare funzioni semplici come i braccialetti.

I braccialetti sono ottimi per i principianti in quanto sono richiesti i nodi più semplici senza un alto grado di sofisticazione. Quando avrete più fiducia nelle vostre capacità, sarete in grado di affrontare modelli molto complessi. Il vantaggio dei disegni molto complessi e sofisticati è che possono essere modellati in modo unico per produrre elementi decorativi, ma questo lo vedremo in seguito.

CAPITOLO 1: IL MACRAMÈ - UN MONDO DA SCOPRIRE

Benefici del Macramè

Il Macramè è un metodo di crafting divertente che ha fatto un grande ritorno tra i giovani d'oggi. Poiché è solo una sequenza di nodi nella sua forma più elementare, è un'arte accessibile quasi a tutti, in particolare agli adolescenti e agli adulti. Ecco tre aspetti sorprendenti del Macramè che credo abbiano contribuito al suo successo nel corso degli anni.

Creatività

Dopo aver imparato alcuni nodi, potete usarli per creare vari modelli e forme nel vostro progetto. Una volta che avete una forma o un disegno di base in mente, potete sedervi e fare uno schizzo su carta per elaborare il modello.

Non sai dove partire per creare in autonomia i tuoi disegni? Non preoccuparti, in questa avventura ti insegnerò a produrre autonomamente i tuoi progetti, anche se non hai esperienza! Scoprirai diversi modelli in questo libro, così come alcuni più sofisticati che potrai provare strada facendo, ma sono sicura che ci riuscirai senza problemi.

Mindfulness

Il Macramè è un metodo eccellente per integrare più consapevolezza nella tua vita quotidiana. Sappiamo tutti che praticare la mindfulness è benefico per la nostra salute, ma potrebbe non essere facile occupare 30 minuti, o anche 5 minuti, di meditazione nella tua giornata. Una volta che hai imparato i nodi fondamentali, legarli diventa quasi uno di quei talenti che puoi fare senza pensare. È molto rilassante e confortante sedersi con una buona tazza di tè e lavorare su un pezzo di qualsiasi motivo macramè. Se sei alla ricerca di un passatempo che porterà più serenità nella tua vita, il Macramè è una grande opzione.

Potenziale per il business

Vuoi stabilire un reddito passivo creativo o un business? Il Macramè è una scelta fantastica! Puoi produrre oggetti unici e venderli online o alla tua fiera artigianale locale, sviluppare modelli da vendere o insegnare alla gente come fare Macramè sul tuo blog o account YouTube.

Se vedi qualcuno che fa meravigliosi motivi macramè e sei ispirato a fare il tuo, scegli un aspetto che ti piace e fai la tua versione unica. Non duplicate semplicemente il loro design, ma fatelo vostro. Un utile suggerimento che mi sento di dare, in particolare se sei dubbioso sul design e sull'esecuzione, è quello di selezionare tre o quattro disegni distinti che ti piacciono e prendere un elemento da ciascuno. Combinali per creare un nuovo oggetto. Spesso questo aiuta a stimolare la tua immaginazione, e ti verrà in mente un'altra grande idea che non avevi nemmeno considerato! Il Macramè è stato utilizzato per una vasta gamma di applicazioni nel corso degli anni. Diamo uno sguardo alla storia del Macramè.

Storia del Macramè

Si presume che l'arte del Macramè sia iniziata dai tessitori arabi durante il 14° secolo, che usavano le loro abilità di annodatura per creare asciugamani, scialli e arazzi. Nei paesi arabi, si crede che il Macramè sia stato usato come una tecnica di frangia ornamentale per finire i tessuti. Da lì, si è diffuso in Europa e nel resto del mondo. Il Macramè è stato popolare in molti periodi nel corso della storia, tra cui l'epoca vittoriana, gli anni '70 e oggi. Oggi, vedrete il Macramè essere usato per creare moderni arazzi, appendiabiti, braccialetti dell'amicizia ecc. Nel corso di diversi secoli, l'arte si diffuse in tutto il mondo, fino ad arrivare in Europa, dove subì un grosso decollo. La regina Maria II era una grande fan del Macramè e lo usava per fare pizzi. Addestrava anche le sue dame di compagnia con questa abilità. Più tardi, la regina Charlotte era nota per il suo straordinario lavoro artigianale di macramè, che poteva essere visto come ornante per la residenza reale. Il macramè divenne enormemente popolare nell'epoca vittoriana. Era usato per creare runner decorativi di pizzo, tende, copricuscini e altre decorazioni per la casa. Era ancora più popolare in epoca vittoriana che negli anni Settanta! I marinai del diciottesimo e diciannovesimo secolo realizzavano tessuti macramè nel loro tempo libero in mare.

Barattavano e scambiavano le loro creazioni nei diversi paesi in cui arrivavano, il che contribuì a diffondere ancora di più l'arte del Macramè. Negli anni 1970, esso era molto popolare nel movimento hippie. Si crearono tutti i tipi di tappezzerie, appendiabiti, gufi, vestiti e molto altro. Se dai un'occhiata ad alcuni classici libri di design macramè degli anni '70, puoi trovare disegni per qualsiasi cosa! Ora sai che il Macramè è stato in giro per molto tempo, e ha una storia varia e ricca.

Il Macramè è semplice da imparare?

La risposta è Sì! Molti disegni macramè sembrano complicati a prima vista, ma usano solo un paio di nodi diversi. È un mestiere semplice che chiunque può imparare a fare. Una volta che si impara a fare i nodi macramè di base, è possibile combinarli in modi diversi per creare qualsiasi modello che si possa immaginare. Puoi fare bellissimi appendimenti per le pareti o per le piante con solo i semplici nodi quadrati, i doppi mezzi nodi, il nodo testa d'allodola, e forse un nodo di avvolgimento!

Nel seguente capitolo andremo a vedere i materiali e le attrezzature necessarie per poter praticare quest'arte, così che tu possa essere pronta per iniziare subito!

CAPITOLO 2: MATERIALI DA UTILIZZARE

Pignoni a naso arcuato

Questi sono fondamentalmente pignoni con una torsione a destra nelle ganasce, permettendoti di entrare in posizioni anormali e tenere filo come gradito in un punto più gradevole.

Pinze con ganasce in nylon

Queste pinze hanno un materiale più delicato che copre le ganasce di metallo per prevenire i danni ai fili. Sono funzionali come le pinze a becco tondo o a becco piatto.

Pinze per pieghe

Accessibile in tre dimensioni - piccola, media e grande scala - queste pinze sono utilizzate fondamentalmente per chiudere perfettamente le pieghe intorno alla corda. La pinza corrisponde allo spessore del filo e alla dimensione della piega.

Trapano

Può servire per forare dei pezzi metallici

Paletti a torsione

Si agganciano al bordo esterno del lavoro e mettono da parte una distanza specifica per torcere lunghe lunghezze di corda.

Alcuni elementi essenziali

Queste cose si possono mettere o trovare nella tua cassetta degli attrezzi; saranno preziose quando si fa l'hitching e l'intreccio.

Forbici

Tieni rigorosamente alcuni tipi distinti di forbici per il taglio di corde e funi e non utilizzarle per tagliare la carta, perché questo rovinerebbe le lame. Forbici enormi sono appropriate per il taglio di corde e funi e piccole forbici con punti taglienti sono utili per il taglio liscio delle finiture.

Aghi

Una vasta gamma di aghi può rendere più semplice il completamento delle maglie e la legatura o i punti di corda.

Aghi per cucire

Un mazzo di aghi per cucire di diverse dimensioni ti assiste nel cucire attraverso torsioni o chiusure sicure sulla scia del confezionamento. Gli aghi da tessitura hanno una punta più lunga per facilitare l'incordatura.

Aghi da tessitura

Questi hanno una punta veramente non lucida e un occhio enorme e sono preziosi per stringere globuli più grandi su una stringa o per controllare i legami impostati.

Gli aghi per perline fini sono utilizzati per aggiungere punti di perline e altri piccoli globuli agli intrecci o per coprire le giunture. Ideale per i punti di perline di taglia 11 e di taglia 12 o 13 per i punti di perline di taglia 15, un ago di taglia 10. Tenete una buona scorta, perché gli aghi migliori si curvano e si rompono in modo specifico.

Aghi a cruna grande.

Questi aghi lunghi a due punte sono preziosi per appendere globuli su più fili di corde sottili, ma cercate di non far passare le corde in uno spazio ristretto come le due aste sottili che differenziano l'ago all'estremità legata.

Spilli

Spilli da sarta: Utili per fissare la treccia ad una lunghezza particolare o per collocare le corde avvolte.

 Spilli guida: Questi spilli corti con chiusura a sfera sono ideali quando si lavora il macramè per fissare le corde e i fili. Per fissare utilizzare una tavola di sughero o un involucro centrale di schiuma.

Colla

Di solito la colla viene utilizzata per la preparazione dei cavi. Alle estremità versare un po' di colla per evitare che i fili si sfilaccino.

Supercolla

La supercolla può essere utilizzata per fissare dei pezzi di metallo, plastica e quant'altro al progetto.

CAPITOLO 3: NODI SEMPLICI E COMPLESSI

Nodo a testa di allodola

La testa di allodola è un nodo macramè di base che viene utilizzato per ancorare una corda a un anello appeso, un tassello o un altro pezzo di corda. Questo nodo è realizzato con un unico pezzo di cordoncino macramè che pieghi a metà.

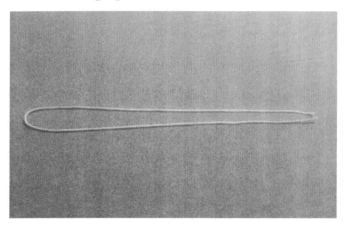

Tieni il cavo piegato con il lato dell'anello rivolto verso il punto in cui vuoi fare il nodo. Nella foto sotto, farò un nodo a testa di allodola su un'altra lunghezza di cordoncino macramè.

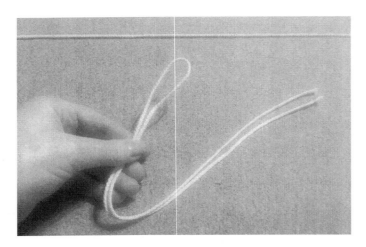

Passa l'anello sopra la parte a cui lo stai attaccando, in questo caso un pezzo di corda. Abbassa l'anello in modo che sia dietro il cavo.

Infilare le estremità libere attraverso l'anello.

Tirare le estremità libere verso il basso.

Continua a tirare e il tuo nodo si stringerà. Pizzica il nodo con il dito e il pollice per mantenere dritte le code del cavo. Non lasciare che le due code si incrocino o si sovrappongano: dovrebbero essere fianco a fianco e perpendicolari al cavo su cui stai annodando.

Stringere il nodo finché non è aderente. Il tuo ciclo dovrebbe essere appena sotto e parallelo al cavo orizzontale.

Ecco il tuo nodo a testa di allodola! Hai appena fatto il tuo primo nodo macramè di base.

Nodo a testa di allodola rovesciato

Il nodo a testa di allodola inverso è realizzato in modo simile a una normale testa di allodola e può essere utilizzato anche per ancorare una corda. Potresti non usare questo nodo con la stessa frequenza di un nodo quadrato.

Proprio come con un normale nodo a testa di allodola, inizia con una lunghezza di corda piegata a metà. Esegui un cappio sopra il cavo su cui lo stai annodando.

Tira le code attraverso l'anello, tenendo il nodo in posizione in modo che rimanga uniforme mentre tiri.

Stringi il nodo e avrai un nodo a testa di allodola al contrario!

Nodo a spirale rivolto a destra

Per fare un nodo a spirale rivolto a destra, ho iniziato con due nodi a testa di allodola legati su una lunghezza di cordoncino macramè.

I cavi sui bordi esterni (etichettati 1 e 4 nella foto sotto) saranno i tuoi cavi di lavoro. Queste sono le corde che utilizzerai per fare i nodi.

Le due corde interne (etichettate 2 e 3) sono le tue corde di riempimento. Queste corde non verranno utilizzate per l'annodatura, ma finiranno all'interno dei nodi che fai.

Prendi il tuo cavo di lavoro destro (4) e fai un mezzo anello, posizionando la sua estremità su tutti gli altri cavi. Dovrebbe assomigliare alla lettera P.

Prendi il cavo di lavoro sinistro (1) e spostalo sopra il cavo di lavoro destro (4). Le tue corde di riempimento (2 + 3) non si muovono.

Passa il cavo di lavoro sinistro (1) sotto entrambi i cavi di riempimento (2 + 3) e verso l'alto attraverso l'anello a forma di P creato dal cavo di lavoro destro (4).

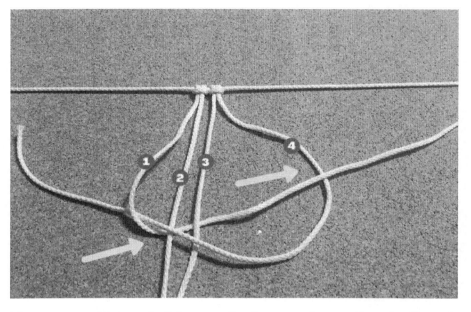

Tirare entrambi i cavi di lavoro (1+4) per stringere il nodo. Dovrai tirare i cordoni di riempimento (2 + 3) per evitare che si arriccino.

Stringi il tuo nodo fino alla base dei tuoi due nodi a testa di allodola e avrai fatto un nodo a spirale (un mezzo nodo quadrato) rivolto a destra.

Mezzo nodo quadrato

Un mezzo nodo quadrato rivolto a sinistra è fatto proprio come quello rivolto a destra, proprio in un'immagine speculare. Ancora una volta, ho iniziato con due nodi a testa di allodola legati su un pezzo di corda.

Prendi il tuo cavo di lavoro sinistro (1) e fai un mezzo anello, posizionando la sua estremità su tutti gli altri cavi. Questo dovrebbe assomigliare al numero 4.

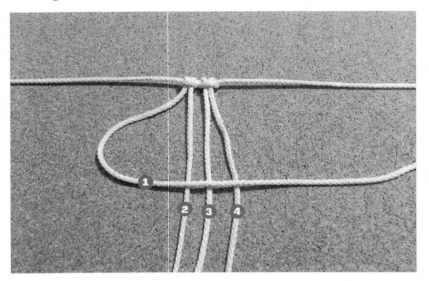

Prendi il cavo di lavoro destro (4) e spostalo sopra il cavo di lavoro sinistro (1). Ancora una volta, i cavi di riempimento (2 + 3) non si muovono.

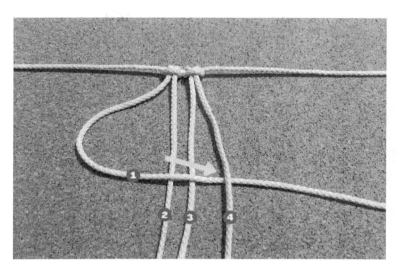

Passa il cavo di lavoro destro (4) sotto entrambi i cordoni di riempimento (2 + 3) e verso l'alto attraverso l'anello nella forma a 4 creato dal cavo di lavoro sinistro (1).

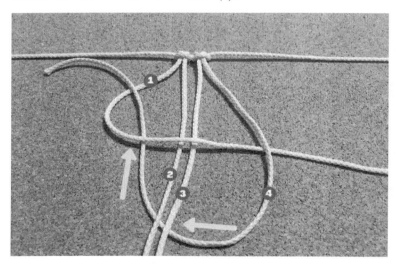

Tirare entrambi i cavi di lavoro (1+4) per stringere il nodo. Dovrai tirare i cordoni di riempimento (2 + 3) per evitare che si arriccino.

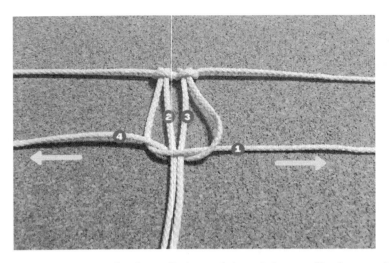

Stringi il tuo nodo fino alla base dei tuoi due nodi a bocca di lupo e hai fatto un mezzo nodo quadrato rivolto a sinistra.

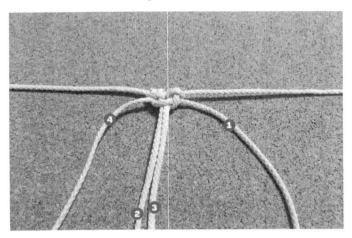

Se continui a fare lo stesso nodo, ti ritroverai anche con un tocco decorativo, proprio come hai fatto con il nodo quadrato rivolto a destra. L'unica differenza è che la spirale gira nella direzione opposta.

Nodo quadrato

Un altro nodo macramè di base da fare è il nodo quadrato! Per questo nodo, utilizzerai le abilità che hai praticato con il nodo della testa di allodola e i mezzi nodi quadrati (nodi a spirale) rivolti a destra e a sinistra. (

Inizia legando due nodi a testa di allodola.

Quindi, fai un mezzo nodo quadrato a tua scelta. Di solito inizio con un nodo rivolto a sinistra, ma in realtà non importa quale direzione scegli. Stringi il tuo nodo appena sotto i tuoi due nodi a bocca di lupo.

Ora crea il mezzo nodo quadrato opposto. Ho iniziato con il nodo rivolto a sinistra, quindi il mio secondo nodo sarà un nodo quadrato rivolto a destra. Questi due nodi completano il tuo primo nodo quadrato.

Se continui, assicurati di continuare ad alternare i tuoi mezzi nodi quadrati per completare più nodi pieni. Ecco una fila di tre. A differenza dei mezzi nodi quadrati, il completamento di più nodi quadrati non si tradurrà in un motivo a spirale: sarà piatto.

Ecco qua, i primi cinque nodi base macramè! Con queste abilità alle spalle, ora sei pronto per creare un semplice appendiabiti per piante.

Nodo semplice

Passaggio 1: A va su B.

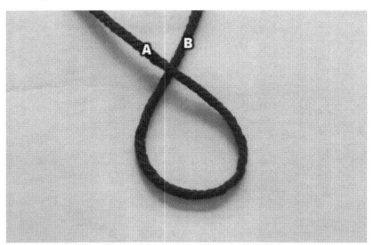

Passaggio 2: B va sopra e sotto il cappio, formando un pretzel (tipo di pane).

Passaggio 3: entrambi i lati A e B della corda vengono tirati per formare un nodo stretto.

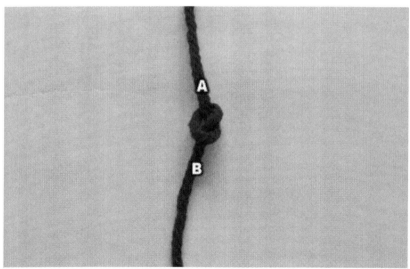

Nodo a botte

Passaggio 1: iniziare con un pezzo di spago lungo 90-120 cm (filo A-B più chiaro).

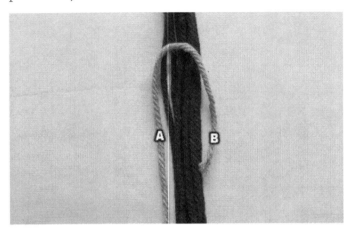

Passaggio 2: fare un cappio in alto, mantenendo il lato A 3-4 volte più lungo del lato B.

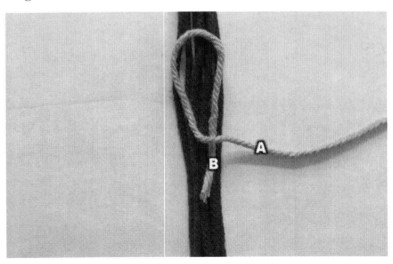

Passaggio 3: avvolgere la corda dal lato A attorno a tutte le corde raccolte finché non raggiunge la parte superiore.

Passaggio 4: tirare la corda attraverso l'anello e tirare entrambe le estremità della corda finché il nodo non è stretto.

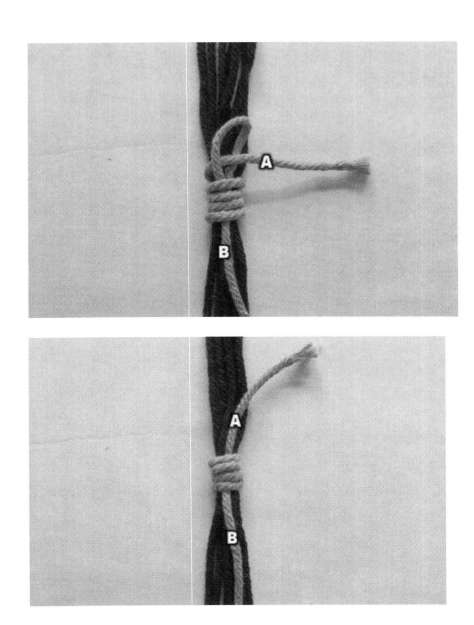

Passaggio 5: ora taglia le estremità e hai un nodo a botte!

Nodo corona

Questo è un nodo di partenza per qualsiasi progetto.

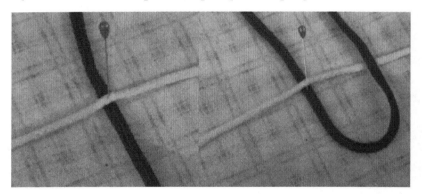

Utilizzare uno spillo per tenere in posizione.

Tirare il nodo stretto, e poi ripetere.

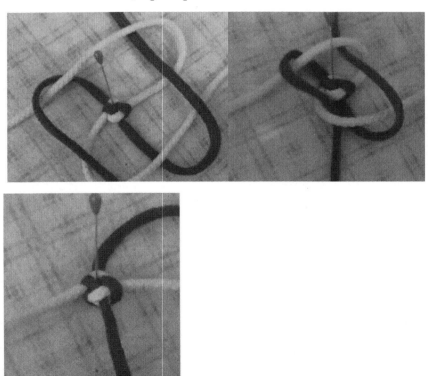

Assicuratevi di avere tutti i nodi sicuri e saldi. Il nodo corona è fatto!

Nodi avanzati

Nodo quadrato alternato verticale

Conosciuto anche come Square Knot Crossover o Switch Knot, questo nodo si forma alternando le corde di annodatura con le corde di trasporto e legando un nodo quadrato, creando un motivo incrociato elegantemente semplice.

(1) Inizia facendo un nodo quadrato.

(2) Disporre al centro i due cavi esterni. Questi diventeranno i tuoi nuovi cavi centrali di supporto. Disporre i due cavi centrali utilizzati per il nodo precedente all'esterno, dietro i cavi centrali. Queste ora sono le tue corde per annodare.

(3) Completa il modello facendo un nodo quadrato con i nuovi cavi.

Un nodo quadrato lavorato in due colori diversi crea un braccialetto semplice e divertente.

Nodo quadrato alternato orizzontale

Per creare un modello di nodo quadrato alternato, dovrai lavorare con un multiplo di quattro corde.

Esempio: 12, 16, 20, ecc. Per questo esempio, useremo 12 corde.

Fai la prima fila di nodi quadrati. Ogni nodo avrà un gruppo di 4 corde. Ogni gruppo avrà due corde di lavoro e due di riempimento. Vi ritroverete con 3 nodi quadrati.

Inizia a fare i tuoi nodi quadrati nella fila 2, usando i cordoni 3 e 4 del primo gruppo e i cordoni 5 e 6 del secondo gruppo. Il prossimo nodo userà il 7 e l'8 del secondo nodo quadrato e il 9 e il 10 del terzo nodo. Vi ritroverete con 2 nodi quadrati.

Ripetere i passi 1 e 2 fino ad ottenere la lunghezza desiderata. Lo schema dei nodi sarà 3,2,3,2 e così via.

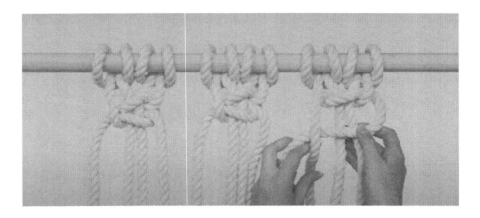

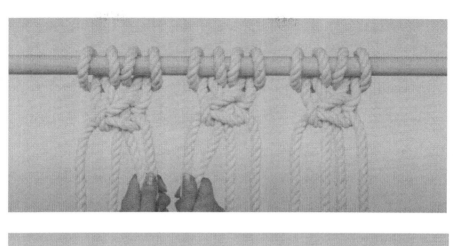

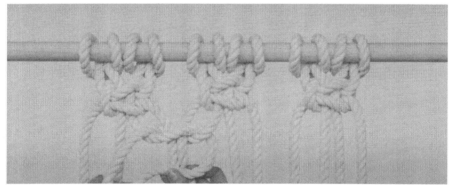

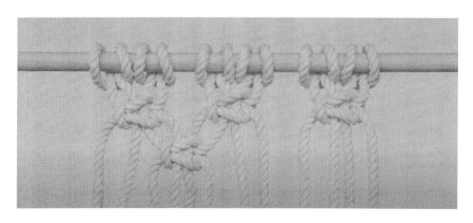

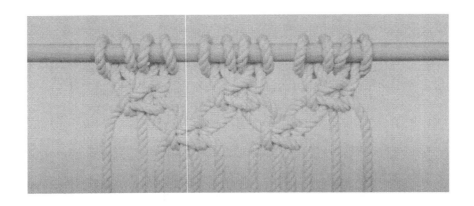

Nodo doppio

Iniziare con un nodo a testa di allodola.

Usando il primo cordone come cordone di tenuta nella parte sinistra, mettetelo sopra tutti gli altri cordoni, sia orizzontalmente che diagonalmente.

Da sinistra a destra, fate un mezzo nodo con il secondo cordone. Avvolgere il cordone 2 sopra e sotto il cordone 1, poi di nuovo sopra il cordone 2 per formare un cappio.

Tirare il nodo per stringerlo. Poi, spingete il nodo dove volete il vostro punto di partenza.

Fate un altro nodo a mezzo nodo.

47

Nodo a barile

Il nodo a barile è un nodo macramè di base che è spesso usato per finire un progetto e fissare le corde.

Prendi la parte inferiore del cordone e avvolgila sotto la parte superiore della corda formando un anello.

Metti l'estremità che lavora nella parte anteriore dell'anello.

Tiralo attraverso il cappio 3 volte (o il numero desiderato), avvolgendolo intorno al lato del cappio.

Tirare il capo verso il basso per stringere il nodo.

Nodo cordoncino orizzontale

Il nodo cordoncino orizzontale forma una lunga colonna di nodi. I nodi sono spesso usati per aggiungere disegni come foglie o fiori nei progetti macramè fai da te.

Attacca il numero desiderato di corde al tuo tassello usando il nodo a testa di allodola.

Prendi il cordone di lavoro e mettilo orizzontalmente sotto il primo cordone appeso a sinistra.

Prendete la coda e piegatela sopra e sotto il primo cordone appeso a sinistra. Fate questo sotto il lungo cordone di lavoro che avete messo al punto 2.

Fate scivolare il cordone di lavoro e la coda avvolta fino in cima il più vicino possibile al tassello. Tieni il cordone stretto.

Prendete il cordone di lavoro e tiratelo sopra il primo cordone di riempimento (cordone appeso) a sinistra. Questo dovrebbe assomigliare a un 4 rovesciato.

Tirare l'estremità del lavoro sotto il cordone appeso e su attraverso l'apertura del 4 rovesciato.

Tenere la coda con una mano, in modo che rimanga stretta. Con l'altra mano, prendete il cordone di lavoro e tiratelo teso verso il tassello.

Mettere il cordone di lavoro sotto il cordone successivo e creare un altro 4 rovesciato.

Tenere stretto il cordone di riempimento con una mano. Usare l'altra mano per tirare la corda di lavoro.

Ripetere il 4 rovesciato due volte su ogni corda.

Una volta raggiunta la fine, si può lavorare all'indietro. Invece di avvolgere la corda di lavoro da destra a sinistra facendo un 4 rovesciato, avvolgetela da sinistra a destra creando un 4 dritto.

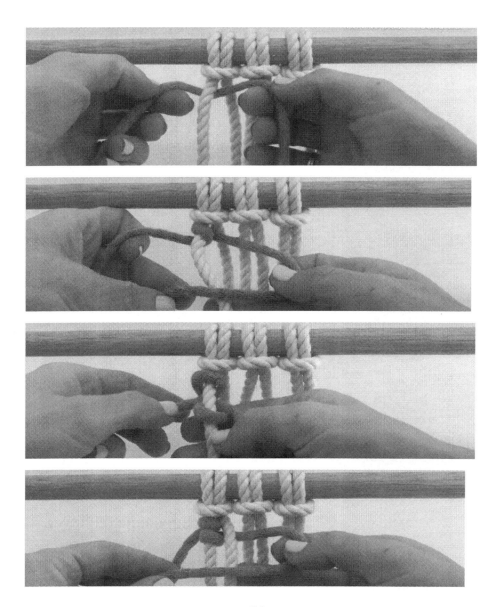

CAPITOLO 4: 5 COSE IMPORTANTI DA RICORDARE E FAQ

Il progetto di artigianato di Macramè ha molti componenti sorprendenti e modifiche sorprendenti. Dovete adottare le strategie e procedure adeguate per praticare quest'arte o affinare i vostri talenti.

Per un prodotto o un oggetto all'esterno e all'interno, ci sono diversi modi per iniziare un progetto. Qui ci sono alcune idee eccellenti che ti aiuteranno a fare il meglio della tua arte.

Cose da ricordare

Pratica l'abilità

Pratica le tue abilità per evitare inutili fallimenti lungo il percorso prima di iniziare a fare qualsiasi cosa. Ricorda che avere il progetto in corso ti costerà diversi dollari. Contiene i costi di cui potresti aver bisogno per le attrezzature e gli accessori.

Quindi, potete iniziare con un progetto di pratica più piccolo per migliorare le vostre abilità per uno più grande invece di spendere questi sforzi in tentativi falliti. Può familiarizzare con numerosi nodi e disegni.

Investire in una fibra di alta qualità

La scelta della fibra è di gran lunga la fase più importante nel processo prima di iniziare il tuo progetto. Scegli la forma corretta di fibra che può contenere corde, stringhe, filati o corde. In questa gamma, il materiale della fibra significa la maggior parte. Cotone, juta, canapa, nylon, ecc. sono le opzioni utilizzate.

Per i progetti di livello principiante, gli esperti spesso considerano l'utilizzo di corde di cotone con un diametro di soli 3 mm. Per aiutare il progetto, non è solo versatile e regolabile, ma anche delicato e resistente. Ci sono anche corde di cotone disponibili in 2 varietà, viz-twisted e corde intrecciate. Per il tuo progetto, seleziona il filo che si adatta.

Mantenere una tensione sufficiente

Diventerai uno specialista nel maneggiare un progetto di macramè con l'esperienza. Qui la forza usata per rinforzare i nodi inciderà principalmente sulla performance finale. Può anche rovinare la consistenza di altri elementi.

Se i nodi nelle aree sembrano scadenti, puoi aver bisogno di trovare la combinazione appropriata tra stringerli e allentarli.

Scegliere modelli facili

Inizia con un modello di base per costruire il tuo capolavoro, sia che tu stia lavorando su un progetto iniziale o di medio livello. Può essere un semplice nodo quadrato o un nodo quadrato alternato.

Usare la giusta quantità di corda

Il numero di corde di cui hai bisogno è 5-6 volte la lunghezza totale dell'oggetto completato. Tieni conto di un'ulteriore lunghezza di corda nella parte inferiore del progetto per creare frange e altri accenti decorativi. Non dovrai utilizzare una corda corta, perché rovinerà completamente il tuo progetto.

Anche attaccare le corde, in seguito, è difficile. D'altro canto, però, non c'è ancora motivo di sprecare le corde rimanenti. Puoi fare progetti più piccoli per le corde più corte, come gioielli, segnalibri o portachiavi.

FAQs

Il Macramè può essere lavato?

Sì! Macramè è molto stabile e non si sfalda facilmente. Può essere lavato in lavatrice a 30°C.

Si può fare il macramè con la juta?

Sì! Gli artisti del macramè usavano popolarmente la juta e la canapa, ma la mancanza di domanda da parte dei consumatori ha portato al nylon e ai cordoni da macramè in rayon satinato, e altre fibre artificiali. I cordoni di nylon o di cotone sono preferiti dai principianti perché, in caso di errore, sono semplici da disfare.

Come scegliere quale tipo di filo di macramè utilizzare per il nostro progetto?

Quando si sceglie il progetto, ci sono diverse cose da considerare. Occorre considerare la disponibilità e il costo. Dovrai capire inoltre se il progetto dovrà supportare qualcosa. In questo caso occorre usare una corda più forte, come juta, nastro, pelle, nylon o cotone.

Inoltre, dovresti considerare la rigidità di una corda. Si consiglia di utilizzare corde più corte e leggere per i gioielli, come una corda da ricamo in cotone che è molto liscia e flessibile. Quando si crea un progetto all'aperto, si dovrebbe usare una catena in polipropilene robusta e duratura, sia per la custodia di una pianta all'aperto che per un'amaca all'aperto.

Che misura di corda dobbiamo usare?

Si consiglia di scegliere uno spessore di 4,0 mm. o più per le decorazioni più grandi, come le tappezzerie o i portapiante, a seconda del progetto. Potete usare un filo più corto di 2,0 mm di diametro per i micro disegni macramè più piccoli, come braccialetti e collane.

Di quanti cordoni abbiamo bisogno per il Macramè?

I cordoni che userete per annodare dovrebbero essere tra 5-6 volte la lunghezza di quello completato. I cordoni che sono i vostri cordoni "centrali" usati per la forma, ma che non sono necessariamente annodati dovranno essere circa il doppio della lunghezza finale. Per avere una frangia o altri attacchi decorativi alle estremità, lasciare un'ulteriore lunghezza del cordone.

Come facciamo a mantenere i nostri nodi uniformi?

Il modo più semplice per assicurarsi che i nodi siano uniformi, è assicurarsi che l'attrito sulle tue corde sia mantenuto allo stesso modo e che ogni nodo sia allineato dritto, verticalmente, orizzontalmente e diagonalmente su entrambi i lati.

Cos'è la tavola di macramè?

La tavola di macramè è un luogo dove proteggi il tuo progetto di lavoro a maglia. Questo può essere creato da diversi materiali, ma essenzialmente vuoi fare una superficie solida dove puoi inserire gli spilli. Si può usare una tavola di sughero, un foglio di poliuretano, o 2 pezzi di cartone legati insieme. Senza far uscire l'altro lato, la tavola dovrebbe essere circa 5 cm quadrati e spessa per metterci uno spillo a T o il perno del corsage.

Perché il Macramè sta tornando?

Macramè era popolare con il movimento hippie negli anni '70, ma come parte delle ultime tendenze tribali e dello stile Boho (Bohemian) nell'arredamento della casa, è tornato di moda.

STELLA MARINA

Questo è un semplice tutorial sui fiori in macramè, adatto a un principiante. Avrai solo bisogno di due fili lunghi circa 140 cm ciascuno (ho usato il cordino del braccialetto dell'amicizia di medio spessore).

Procedimento:

1. Piegare a metà entrambi i fili e attaccarli ad un cuscino.

2. Usa un filo di bordo come base e fai su di esso 3 doppi mezzi intoppi con il resto dei fili.

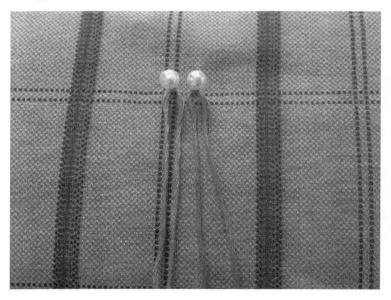

3. Quindi fai altre quattro file di intoppi, usando ogni volta il filo del bordo destro come base e andando da destra a sinistra.

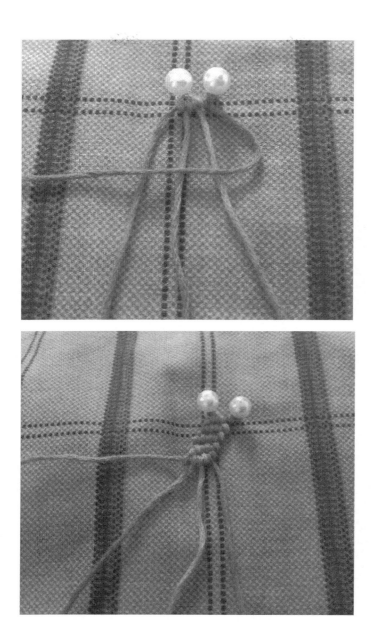

4. Quindi cambia la direzione del filo di base: usa la base sinistra come base e vai da sinistra a destra. Fai altre 5 file di intoppi.

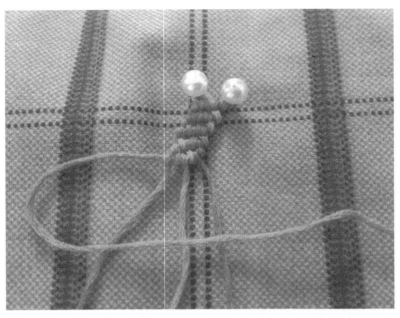

6. Ora ripeti 2-5 passaggi per creare 5 "petali di fiori".

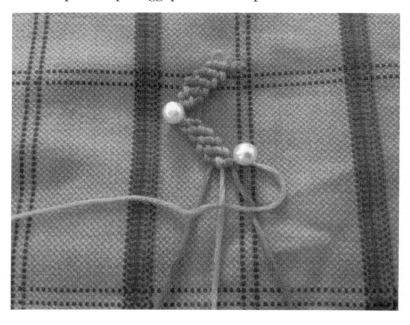

7. Quando hai finito, usa un metodo Clear edge per raccogliere tutti i fili in un mazzo.

8. Ora hai questa treccia a zig-zag. Arriccialo in cerchio e, usando ago e filo, cuci insieme tutti i "petali". Nascondi i fili sotto il fiore. Tagliali o usali per attaccare il fiore a una superficie.

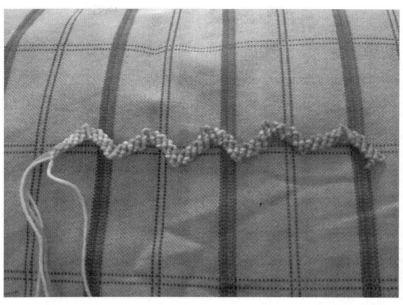

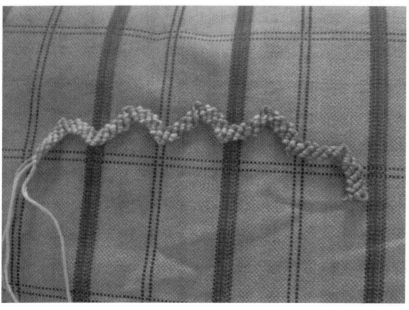

65

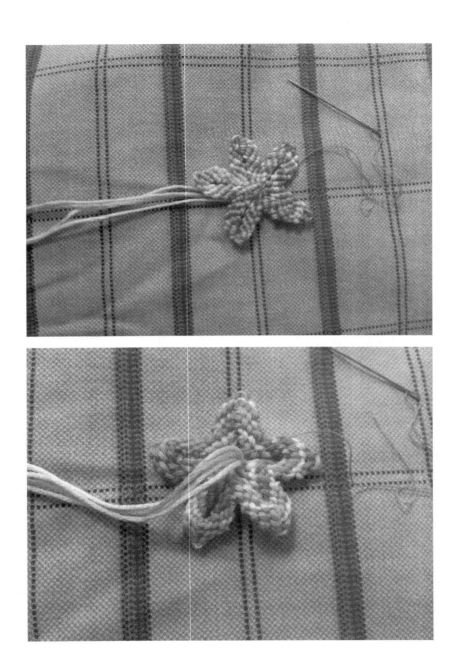

Come tocco finale, cuci una perlina al centro del tuo fiore Macramè.
Voilà, è fatto!!

66

AMACA

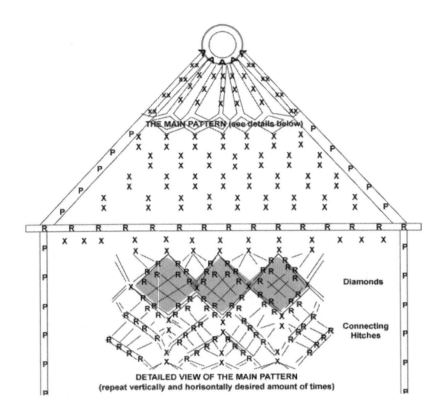

THE MAIN PATTERN (see details below)

Diamonds

Connecting
Hitches

DETAILED VIEW OF THE MAIN PATTERN
(repeat vertically and horisontally desired amount of times)

Per realizzare questa amaca Macramè unica nel suo genere avrai bisogno di circa 910 m di corda - 50 corde da 18 m ciascuna (una corda in poliestere da 4 mm va benissimo), due robusti anelli di metallo (larghi circa 8 cm) e due tasselli di legno (0,5-1 "diametro).

Procedimento:

1.   Appendi 25 corde su un anello con i nodi a testa di allodola. Quindi prendi altre 25 corde, mettile sotto ciascuna delle prime 25 corde e, usandole come corde di lavoro, crea 25 trecce con nodi quadrati lunghi 25 cm.

2.   Separare due trecce con nodo quadrato su entrambi i lati e creare un motivo Petali su 8 corde. Con le altre 21 trecce al centro, crea la prima parte del motivo principale di questa amaca (vedi i dettagli sotto).

3.   Continua con il motivo a scacchi (versione con doppi nodi quadrati) al centro e il motivo a petali verticali ai lati. Quindi attaccare tutte le estremità al tassello con i nodi doppi a mezzi intoppi.

Il modello principale

L'intera parte centrale dell'amaca è realizzata con questo motivo.

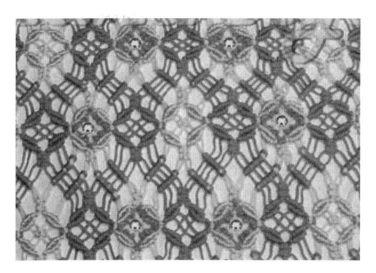

Ecco come ricrearlo.

1. Prendi una delle corde di base di un nodo quadrato e puntala a sinistra. Fare 3 doppi mezzi nodi con il filo di lavoro se lo stesso nodo quadrato e con due corde del nodo quadrato a sinistra. Vedere lo schema di seguito per maggiori dettagli.

Nella seconda fila usa il primo cavo di lavoro come base. Fai di nuovo 3 doppi mezzi intoppi creando intoppi diagonali.

Allo stesso modo realizza il secondo lato del rombo. Intrecciare (incrociare) le 4 corde nel mezzo.

Fai il lato sinistro sul prossimo rombo a destra e collegalo con il primo rombo con un nodo quadrato (ripeti sul lato sinistro).

Fai i lati inferiori del rombo e un nodo quadrato di collegamento sotto. Ecco un intero rombo.

Nelle immagini sottostanti puoi vedere le corde di base e di lavoro del motivo principale (rombo). Ecco uno schema per la prima fila degli Intoppi Diagonali ...

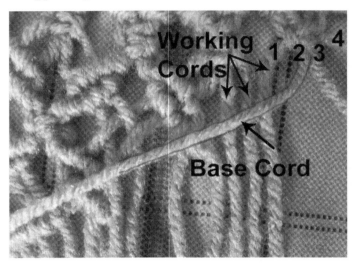

...E questo è per la seconda riga:

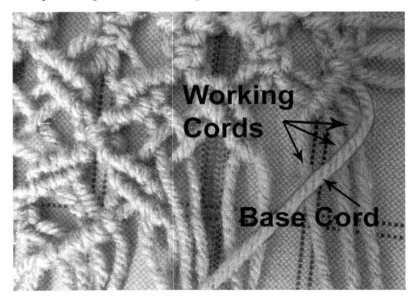

2. Nel passaggio successivo, prendi 2 fili dal lato inferiore del rombo e, usandoli come corde di base, fai su di essi 4 doppi mezzi nodi (2 corde dal lato del rombo successivo e 2 dal nodo quadrato di collegamento). Ripeti dall'altra parte.

3. Realizzare altre 2 file di doppi mezzi nodi, utilizzando i gradini del nodo quadrato come corde di base e 4 cavi della fila precedente dei doppi mezzi nodi come corde di lavoro.

4. Fai un nodo quadrato sotto le file degli attacchi diagonali.

5. Ora crea la seconda fila di rombi, partendo da ciascuno dei nodi quadrati (passaggio 1). Continua a ripetere lo schema dei rombi e le file di collegamento dei doppi mezzi intoppi. Il design è piuttosto semplice non appena ci metti la mano.

Finitura Amaca Macramè

Puoi aggiungere il motivo Petali verticali sui bordi dell'amaca, collegandolo al motivo principale con i Nodi quadrati.

Le frange, che pendono dai bordi dell'amaca, e le decorazioni a farfalla, che puoi vedere nelle foto, sono completamente opzionali.

Una volta raggiunta la fine del progetto, avrai 25 trecce con nodo quadrato (proprio come all'inizio). Lega ogni paio di corde funzionanti sul lato inferiore dell'amaca.

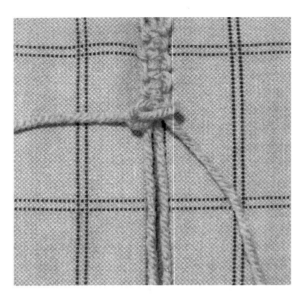

Quindi, attacca ciascuna delle corde di base (ne avrai 50) al secondo anello di metallo con i nodi doppi a mezzi intoppi

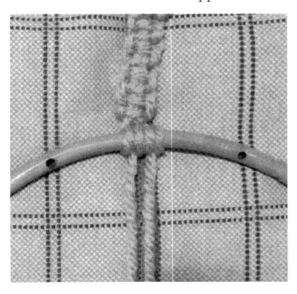

Lega insieme i cavi di lavoro e i cavi di base (i miei cavi di lavoro sono risultati molto più corti dei cavi di base) sul lato inferiore.

Fissare i nodi applicando della colla trasparente sui nodi e tagliare il cavo in più.

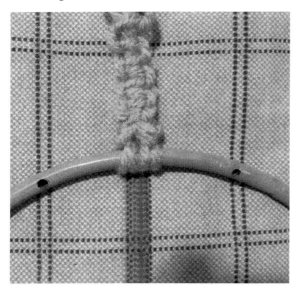

Goditi la tua bellissima e unica amaca Macramè!

ORNAMENTO DI NATALE

Ci vogliono solo un paio d'ore per realizzare questo ornamento natalizio. È un regalo fatto a mano perfetto per i tuoi cari.

Materiali:

Per questo progetto ho usato circa 10,5 metri di cordoncino di raso e una perlina (1 cm di diametro). Inumidisci leggermente il filo di raso per renderlo più facile da annodare.

Procedimento:

1. Prendi 7 corde lunghe circa 1 metro ciascuna. Fai un nodo al centro di ogni corda. Fissare il primo nodo sul cuscino di lavoro con uno spillo.

2. Quindi prendere altre 3 corde lunghe 1,2 m ciascuna e montarle sul filo con i nodi a testa di allodola, aggiungendo un anello in più su ciascun lato (fig. 1, 2).

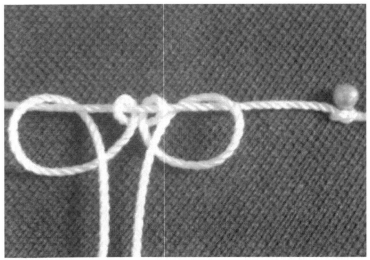

Fig 1.

Fig 2.

3. Prendi l'estremità destra del cavo più corto e, usandolo come filo di base, fai una fila di intoppi orizzontali (fig. 3) proprio sotto la prima fila, lavorando da destra a sinistra.

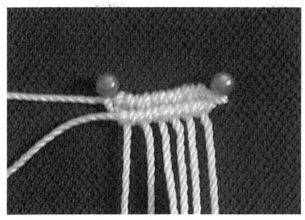

Fig 3.

4. Prendi il secondo filo che ha un nodo e attaccalo sotto il primo leggermente ad angolo (fig. 4). Fai di nuovo due file di intoppi orizzontali, quindi ripeti con tutte e 7 le corde che hanno nodi. Alla fine avrai qualcosa come il pezzo in foto 5. Non eseguire ancora l'ultima riga degli intoppi orizzontali!

Fig 4

5. Segna l'estremità sinistra dell'ultimo filo con un nodo (fig.5) - dobbiamo assicurarci di non tagliarlo più tardi. Ora usa l'estremità destra come filo di base e finisci questa parte del lavoro con il metodo Clear Edge (inizia con un filo di base, poi due, tre ecc.,

Tagliando ogni volta fili di base extra. Non tagliare l'estremità con il nodo!!

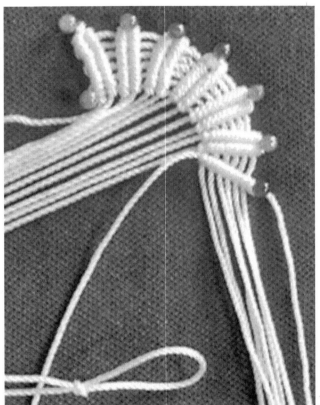

Fig 5

6. Fai 3 nodi quadrati alle estremità 2-5, 6-9 e 10-13 (fig. 6). Continua a fare la 2a fila di nodi quadrati nel motivo a scacchi - usa 4-7 e 8-11 estremità. Sulla 3a fila fai un nodo quadrato al centro - su 6-9 estremità, quindi fai un nodo quadrato su 2-4 estremità (un filo di base) e su 11-13 estremità (di nuovo un filo di base).

Fig 6

7. Prendi la prima corda a sinistra e usandola come filo di base crea una fila di intoppi diagonali con 2-7 estremità. Quindi prendere l'ultimo filo a destra (quello con il nodo, che stavamo mantenendo) e fare una fila di Intoppi Diagonali con 8-13 estremità (fig.7). Intrecciare i fili di base.

Fig 7

8. Prendi la sesta estremità come filo di base e fai una fila di intoppi con 1-5 fili (fig. 8). Ripetere facendo file di intoppi, ogni volta lasciando da parte un filo di base dalla riga precedente. Creerai

una "ala" angolata come nella foto 9. Allo stesso modo, crea un'"ala" destra (il filo di base è la nona estremità, i fili di lavoro sono 10-14).

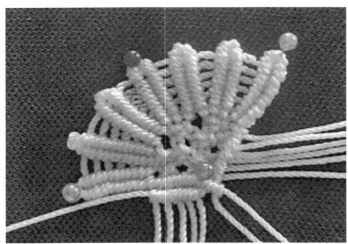

Fig 8

Fig 9

9. Fai semplici nodi alla fine di ogni fila di intoppi sulle "ali". Quindi metti una piccola quantità di colla trasparente su ogni nodo (fai dal retro) e taglia le estremità dopo che la colla si asciuga (foto 10). A volte uso un accendino per sciogliere le estremità dei fili di poliestere o nylon, ma attenzione a non bruciare la tua creazione!!))

Fig 10

Ora tira una perlina attraverso due fili centrali: questa è la "testa" dell'angelo (fig.11).

Fig 11

10. Ora dobbiamo creare un "alone". Puoi semplicemente ritagliare un piccolo pezzo rotondo di neve artificiale e attaccarlo alla parte superiore della "testa", oppure fare un anello con un filo d'oro o

d'argento e farlo passare attraverso il tallone facendolo sembrare una corona di luce, oppure puoi creare un alone macramè, come ho fatto io.

Come Creare "l'alone":

1) Prendi una corda lunga circa 23 cm e attaccala a un cuscino (fig.12). Sarà il nostro filo conduttore.

Fig 12

2) Quindi, usando un altro cavo (lungo 45 cm) come filo di lavoro, fai 7-10 nodi Picot Frivolite (fig. 13).

Fig 13

3) Lega tutte e 4 le estremità con un nodo quadrato per creare un anello rotondo (fig. 14). Applicare una piccola quantità di colla trasparente sul nodo e tagliare le estremità extra.

Fig 14

4) Attacca l'"aureola" ai fili centrali proprio sopra la "testa" dell'Angelo. Usa il doppio nodo a mezzo intoppo o un semplice nodo overhand.

5) Fai il nodo alle estremità dei due fili centrali e il tuo ornamento di Natale con angelo è pronto.

Come grazioso dettaglio decorativo, puoi attaccare un piccolo fiocco di nastro alla schiena di Angel (foto 15). Sembra fantastico!

Fig 15

SOTTOBICCHIERI MACRAMÈ

Materiale e Attrezzi:

- 2 colori (a piacere) di corda di cotone monostrato morbida da 5 mm

- Forbici

- Pettine o pennello

- Taglierina rotante/Fresa

Procedimento:

Fare un anello per legare le prime 4 corde piegate con nodi a testa di allodola (3 corde del colore di maggioranza e 1 corda del colore di minoranza)

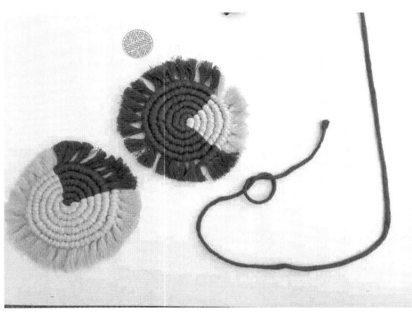

Lasciare i cavi di lavoro allentati (sono quelli all'estremità).

Passo 1: Chiudere il cerchio con un cavo (nodo a testa di allodola). Eseguire altri 3 nodi a testa di allodola con i restanti 3 fili (di colore uguale). Tirare i cavi.

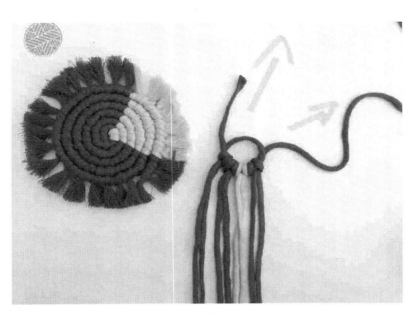

Ora strringere bene i cavi esterni di lavoro.

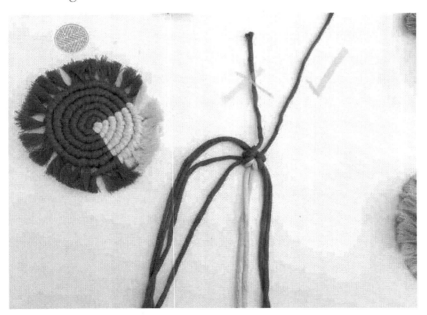

Ora il vostro lavoro dovrebbe essere uguale alla foto.

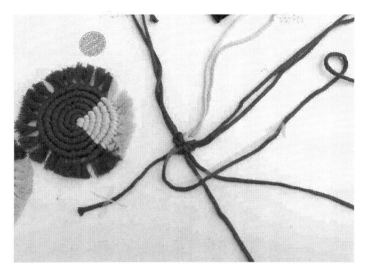

Assicurati di non usare il cavo di estremità contrassegnato con "x" - Basta ignorarlo!

Legare due ganci sul cavo di lavoro

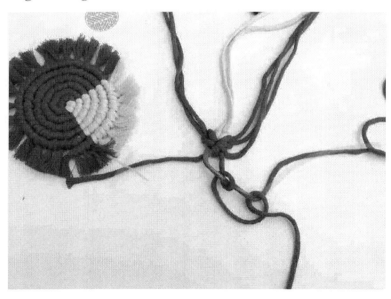

Tirare stretto!

Fai il giro fino all'inizio facendo due nodi a mezzi intoppi per ogni cavo che incontri

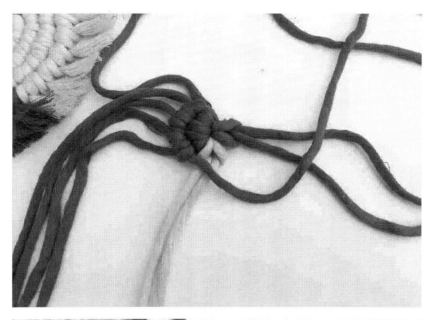

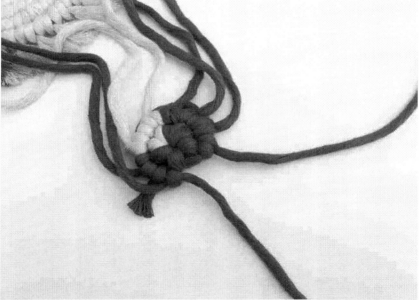

Fermati al cavo di partenza!

Passo 2: Aggiunta di cavi

Aggiungi ora un cavo, come mostrato in foto, con un nodo a testa di allodola.

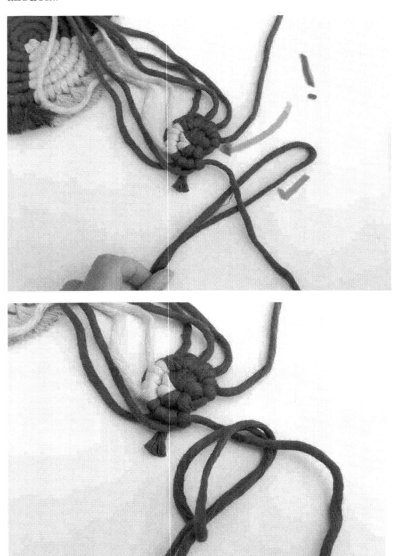

Riempire ancora il cavo di lavoro con un altro nodo, usando sempre nodi a testa di allodola.

Entro la fine di questo secondo passaggio dovresti avere aggiunto 3 corde extra del colore del cavo di maggioranza (blu) e 2 corde del colore di minoranza (crema).

Passo 3: Aggiungere altre 3 corde del colore di maggioranza

100

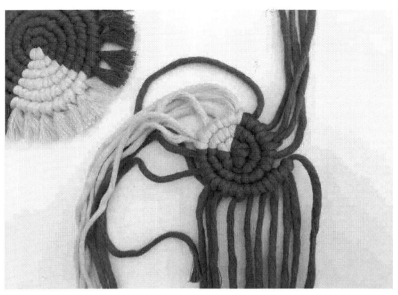

Passo 4 : Aggiunta di 2 corde del colore del cavo di maggioranza e **NON aggiungere al** colore della minoranza.

101

Passo 5: Aggiunta di altri cavi

Aggiunta di 3 cavi del colore del cavo di maggioranza e 2 cavi al colore di minoranza.

*turno finale facoltativo-

Passo 6: non dovresti aver bisogno di aggiungere cavi per questo passaggio, basta fare le frange.

Frange

Tagliare il cavo in eccesso usando le forbici per fare una frangia corta

Spazzolare / pettinare fino a quando le frange sono lisce.

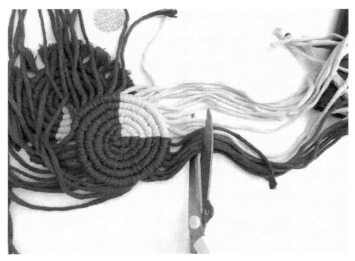

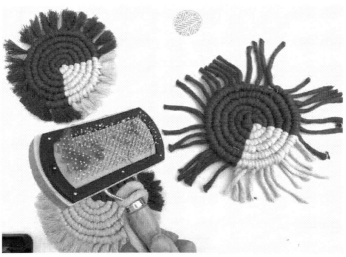

Raffinare usando una fresa rotante

Ora hai i tuoi sottobicchieri macramè

MACRAMÈ DA PARETE

Materiali:

- **Bastone di legno:** abbiamo bisogno di un pezzo di legno lungo circa 50 cm e un po' spesso.

- **Corda macramè di lana o filato spesso:** abbiamo bisogno di usare una corda macramè più morbida per realizzare questo pezzo da parete. Il materiale più morbido dona una bella finitura all'oggetto. Ho usato una corda di lana al 100%. Il pezzo richiede un totale di 9 pezzi di corda, ciascuno lungo almeno 2 metri. Puoi utilizzare 9 pezzi tutti dello stesso colore, oppure puoi seguire questo esempio e utilizzare 5 colori di corda: 1 pezzo di 1 colore (bianco) e 2 pezzi ciascuno di 4 colori (grigio chiaro, grigio scuro, giallo, blu)

- **Forbici**

Questo è tutto ciò di cui hai bisogno per questo pezzo di decorazione da parete. Iniziamo!

Procedimento:

Passaggio 1:

Inizia a legare un pezzo di corda su un legno fissato. Utilizzerai un nodo a testa di allodola. Ripeti fino a quando tutti e 9 i pezzi di corda sono sul legno.

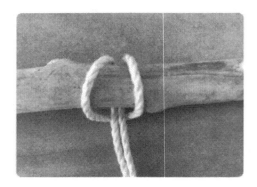

Passaggio 2: iniziare a tessere i fili

Inizieremo con il pezzo di corda centrale. Dovrebbero esserci due fili bianchi.

1. Come mostrato nell'immagine sotto, prendi il filo bianco destro, passalo sopra il filo bianco sinistro e passalo sotto il filo grigio chiaro destro sul lato sinistro.

2. Rimanendo sul lato sinistro del legno, tirare il filo bianco sotto il filo grigio chiaro di sinistra e passarlo sotto il filo giallo di destra.

3. Ripeti questo passaggio finché non hai passato il filo bianco destro attraverso tutti i fili sul lato sinistro del legno. Puoi vedere un esempio nell'immagine qui sotto.

Inizia con il filo centrale.

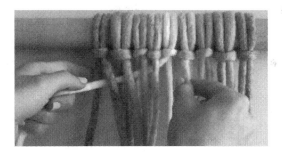

Intreccia il filo bianco.

Ripeti i passaggi per i fili rimanenti

Ora ripeti gli stessi passaggi con il filo grigio chiaro a destra dei fili bianchi. Controlla l'immagine qui sotto per avere un'idea chiara. Ripeti questi passaggi fino a completare tutti i fili sul lato destro.

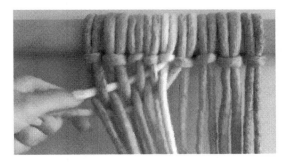

Intreccia il filo grigio chiaro.

Intreccia tutti i fili sul lato destro del legno.

Passaggio 4: tira su le trame e disponile

Ora prova a tirare su tutte le trame, partendo dal filo bianco e tirandolo verso l'alto. Controlla l'immagine qui sotto.

Disporre i fili in modo tale che il disegno intrecciato inizi a prendere forma.

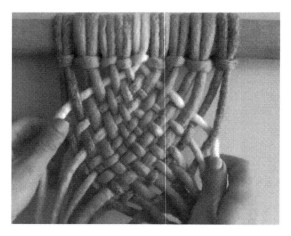

Tirare su il disegno per ottenere una forma.

Passaggio 5: continua a tessere

Ora inizia con il filo bianco a destra e passalo attraverso gli altri fili sul lato destro del legno. Ripeti questi passaggi con il filo bianco sul lato sinistro.

Ora ripeti questi passaggi con il filo grigio chiaro su entrambi i lati. Continua a ripetere questi passaggi intrecciando i fili del lato destro e poi i fili del lato sinistro finché non hai raggiunto la lunghezza. Tieni presente che lasciare una coda più lunga sul muro può sembrare piuttosto elegante!

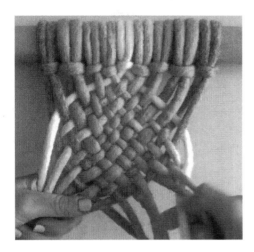

Di nuovo, inizia con il filo bianco sul lato destro.

Passaggio 6: legare i fili

Quando hai raggiunto la lunghezza desiderata, passa un filo bianco orizzontalmente e annoda una riga usando doppi nodi a mezzo intoppo.

Ecco qua il lavoro finito.

CALZA DI NATALE

Materiali necessari:

-12 m di corda di cotone da 3 mm

-30 cm bastone di legno

- cavo macramè di cotone da 3 mm

-45 cm di feltro di lana bianco sporco

- ago affilato per arazzo

-forbici

- spilli dritti

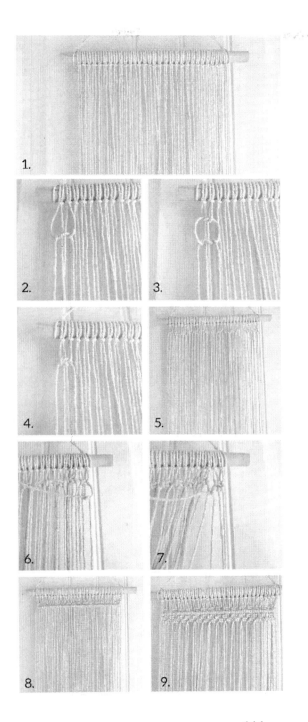

1.

2.

3.

4.

5.

6.

7.

8.

9.

Procedimento:

Fase uno: tagliare 30 fili di corda di 38 cm ciascuno. Attacca ciascuno dei tuoi 30 capi di corda al tuo tassello usando un nodo a testa di allodola.

Usando il tuo pezzo di corda aggiuntivo, lega un'estremità con un doppio nodo a un'estremità del tassello e l'altra estremità all'altra estremità del tassello per creare un gancio. Regolalo all'altezza che desideri in modo che sia appeso a un'altezza comoda dai ganci per poter lavorare.

Fase due: usando i primi quattro fili sul lato sinistro del tassello, fai un mezzo nodo. Le due corde centrali rimangono dove sono e le due corde esterne si allontanano solo un po'. Quindi creare una curva nella corda esterna sinistra e spostarla sotto la corda esterna destra come mostrato.

Passaggio tre: quindi creerai un altro mezzo nodo simile ma invertirai l'ordine di sovrapposizione delle corde esterne. La corda esterna sul lato destro andrà sopra le due corde centrali ma sotto la corda esterna sul lato sinistro. Quindi la corda esterna sul lato sinistro andrà dietro le due corde centrali e uscirà oltre la curva della corda esterna destra.

Fase quattro: tira questo secondo mezzo nodo comodamente nel primo mezzo nodo per creare un nodo quadrato.

Passaggio cinque: ripeti i passaggi da due a quattro con il prossimo gruppo di quattro corde, e così via, finché non hai completato 15 nodi quadrati in totale.

Fase sei: tira la corda esterna destra attraverso la parte anteriore di tutte le altre corde (a sinistra) e avvolgi l'estremità su un appendiabiti. Questa sarà la base per la prossima riga di singoli nodi che creerà una riga orizzontale. Usa la seconda corda dal lato destro per fare un singolo nodo attorno alla corda che hai appena drappeggiato.

Passaggio sette: quindi usa la terza corda dall'esterno e fai un singolo nodo in modo che aderisca all'altro nodo. Quindi ripeti con la quarta corda dall'esterno e fai un singolo nodo in modo che sia aderente, ecc. Inizierai a vedere lo schema.

Fase otto: continua a legare corde consecutive in un unico nodo fino in fondo. Non vuoi che sia così stretto da aumentare la larghezza ai bordi.

Passaggio nove: segui questo con altri 15 nodi quadrati comodamente sotto la tua riga orizzontale. Quindi crea una seconda fila di nodi quadrati saltando le prime due file esterne di corda sul lato sinistro prima di continuare il tuo schema di nodi quadrati usando quattro corde ciascuna. Questo è chiamato nodo quadrato alternato. Ti lascerà anche con due corde in più sul lato destro.

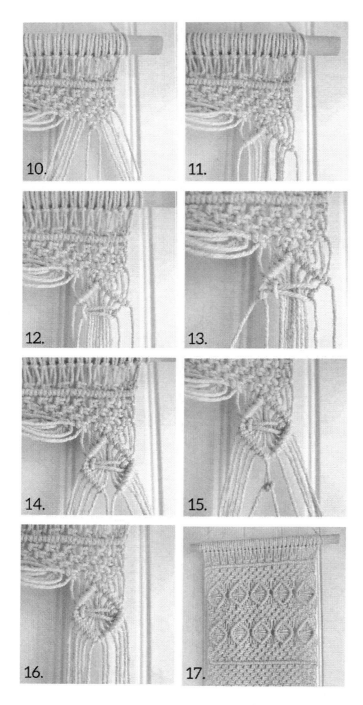

Fase dieci: dopo quattro file di nodi quadrati e nodi quadrati alternati, creerai il tuo primo diamante. Utilizzerai 12 capi di corda sul lato destro del tuo pezzo. Tira di lato tutte le corde non utilizzate tale da lavorare meglio nel progetto.

Avvolgere la sesta corda da sinistra sopra la settima fila da sinistra usando un doppio mezzo nodo (due nodi singoli). Questo creerà il punto più alto del tuo diamante.

Fase undici: avvolgi la quinta, la quarta, la terza, la seconda e la prima corda attorno alla settima corda usando gli stessi doppi mezzi nodi per creare il lato in alto a destra del diamante.

Quindi avvolgi l'ottava, nona, decima, undicesima e dodicesima corda attorno alla sesta corda usando il doppio mezzo nodo per creare il lato superiore sinistro del tuo diamante.

Fase dodici: usa l'undicesima corda e la seconda corda dal lato destro per fare un nodo quadrato attorno a tutte le corde in mezzo. Non tirare troppo forte: vuoi solo che poggino contro i bordi in modo che abbiano spazio per respirare.

Fase tredici: la dodicesima corda sarà la corda intorno alla quale avvolgerai l'undicesima corda con un doppio mezzo nodo. Questo creerà il gomito del diamante sul lato sinistro.

Fase quattordici: quindi avvolgere la decima, nona, ottava e settima corda intorno alla dodicesima per finire il lato in basso a sinistra del diamante. Successivamente, avvolgerai la seconda, la terza, la quarta, la quinta e la sesta attorno alla prima corda usando il doppio mezzo nodo per finire il lato inferiore destro del diamante.

Passaggio quindici: per creare il punto inferiore, avvolgere la nuova sesta corda dal lato destro attorno alla nuova settima corda usando un doppio mezzo nodo.

Passo sedici: ecco come apparirà il tuo diamante finito. Ce l'hai fatta!

Fase diciassette: Ora finisci i prossimi quattro diamanti in questa riga. Successivamente, ho aggiunto altre quattro file di nodi quadrati e alternando nodi quadrati prima di un'altra fila completa di diamanti. Quindi un'altra sezione di quattro file di nodi quadrati alternati e quadrati come mostrato. Infine, ho aggiunto un'altra linea orizzontale come nei passaggi da sei a otto.

Fase diciotto: lega altre otto file di nodi quadrati e alternando nodi quadrati. Dovresti avere due corde in più sul lato destro.

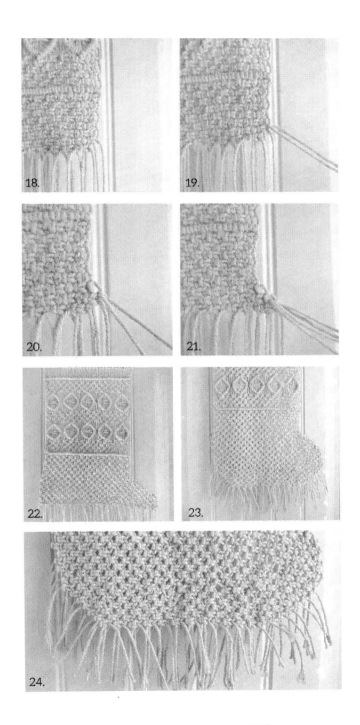

Fase diciannove: infilare una sezione di corda di 10 cm attraverso l'anello sopra le due corde in più sul lato destro. Centralo in modo da avere altri due fili di corda da usare. Quindi usa le tue quattro corde libere per fare un altro nodo quadrato nell'ottava fila.

Passaggio venti: fai una nona fila di nodi quadrati completamente da sinistra a destra. Questo ti lascerà ancora con altri due fili di corda sul lato destro. Quindi, aggiungi un'altra sezione di 10 cm di corda attraverso l'anello sopra le due corde extra sulla destra proprio come nel passaggio 19. Questa introduzione di nuovi fili aumenterà la larghezza della calza per iniziare la forma della punta.

Passo ventuno: una volta terminata la nona riga, aggiungi due capi di corda da 10 cm attraverso l'anello sopra il nodo esterno. Questo allargherà ulteriormente la tua calza per una forma della punta più distinta.

Passaggio ventidue: continua dai passaggi da 19 a 21 finché non hai finito un totale di 14 file di nodi quadrati alternati. Ogni fila pari dovrebbe avere altri due capi di corda e ogni fila dispari dovrebbe avere solo due capi di corda aggiunti. Le righe dal 15 al 19 dovrebbero essere annodate senza aggiungere altri fili.

Passaggio ventitre: la sezione successiva di righe si assottiglia su ciascun lato di due corde su ciascun bordo esterno. Ciò significa che le righe da 20 a 25 diminuiranno su ciascuna estremità di due corde.

Passaggio ventiquattro: ecco un primo piano della sezione inferiore. Avrai corde molto più corte con cui lavorare a questo punto! Suggerisco di tagliarli a circa 5 cm per ora. Se diventano troppo corti, potrebbero iniziare a disfarsi.

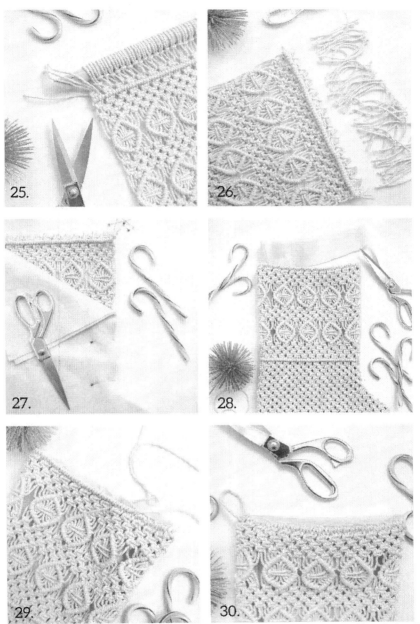

Passo venticinque: togliamo questo pezzo dal tassello. Sciogliere i nodi a testa di allodola e tagliarli.

Passaggio ventisei: taglia i fili della corda in modo che ci siano solo circa 1,2 cm sopra la prima fila di nodi quadrati.

Passaggio ventisette: posiziona il tuo pezzo di macramè finito sopra due pezzi di feltro di lana. Ho scelto questa fibra perché non devi preoccuparti di sbrogliare o aggiungere un orlo sul retro. Inoltre, è più accogliente nelle tue mani. Usa il pezzo di macramè come modello e ritaglia la stessa forma nei due pezzi di lana con circa 1,2 cm di spazio attorno al perimetro.

Metti entrambi i pezzi di lana sopra il pezzo di macramè e appunta tutti e tre gli strati con spilli dritti, ad eccezione della parte superiore della calza. Cuci a mano il tutto.

Passaggio ventotto: gira il lato destro verso l'esterno in modo che lo strato di macramè sia sul davanti. Rimbocca i nodi quadrati in alto all'interno in modo che siano tra la parte anteriore del pezzo di macramè e lo strato centrale di lana. Questo ti darà una bella linea pulita in alto. Avrai un po' di feltro di lana in più sulla parte superiore. Taglialo in modo che sia a filo con la parte superiore del tuo pezzo di macramè.

Passaggio ventinove: con un ago da arazzo affilato e filo o corda rimanente, cuci il pezzo centrale di feltro alla fila orizzontale di macramè. Assicurati di fare un nodo dove inizi e finisci.

Passaggio trenta: aggiungi un anello sul lato sinistro in modo da poterlo appendere ovunque tu voglia!

DECORAZIONE DA SOFFITTO

Materiali

- Cerchio di legno di 25 cm di diametro

- Spago bianco

- forbici

- una grande scodella

- vernice per tessuti

- acqua

Procedimento:

1. Taglia 90 pezzi di spago di varie lunghezze (non inferiori a 30 cm). Piega ogni pezzo a metà e fai dei nodi a testa di allodola.

2. Raccogli lo spago appeso in mazzi di 4 capi. Annoda insieme e lascia uno spazio tra cerchio e nodo di 1,2 cm. Ripeti per tutto il giro del cerchio.

3. Prendi 2 pezzi di spago dal primo mazzo e annoda con 2 pezzi di spago dal secondo mazzo 1,2 cm sotto la prima fila di nodi. Ripeti per tutto il giro del cerchio.

4. In una grande ciotola, usa un bastoncino per mescolare 3 cucchiai di vernice per tessuti con 700 ml di acqua tiepida. Raccogli lo spago appeso e fissa un elastico a metà. Immergere le estremità del filo nella soluzione di acqua e vernice per 30 min. Asciugare su un sacco della spazzatura di plastica per 24 ore. Rimuovere l'elastico e fissare il telaio da ricamo esterno.

PORTAVASO PER PESCI IN MACRAMÈ

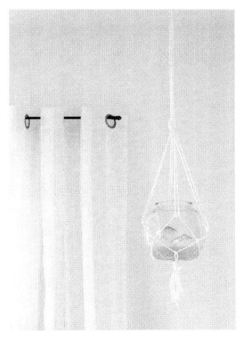

MATERIALI NECESSARI:

- Cavo di nylon da 15 m

- Ciotola per pesci in vetro o plastica

- Forbici

- Gancio a soffitto

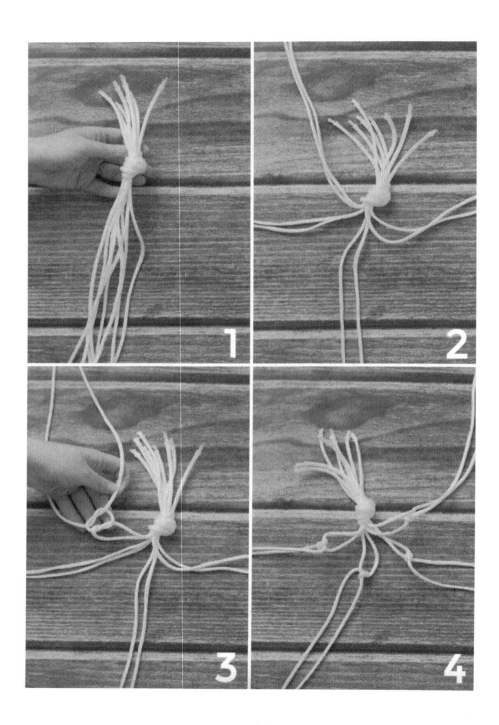

PASSO 1:

Taglia otto pezzi di corda lunghi 45 cm ciascuno. Raccogli tutti gli otto pezzi di corda e fai un grosso nodo a un'estremità, lasciando da 2 a 5 cm in eccedenza

PASSO 2:

Separare il cavo in quattro sezioni, con due pezzi di cavo in ogni sezione.

PASSAGGIO 3:

Prendi una sezione e lega i due pezzi di corda in un doppio nodo, lasciando uno spazio di 5 cm tra il primo nodo grande che hai legato.

PASSAGGIO 4:

Ripetere con le restanti tre sezioni di corda.

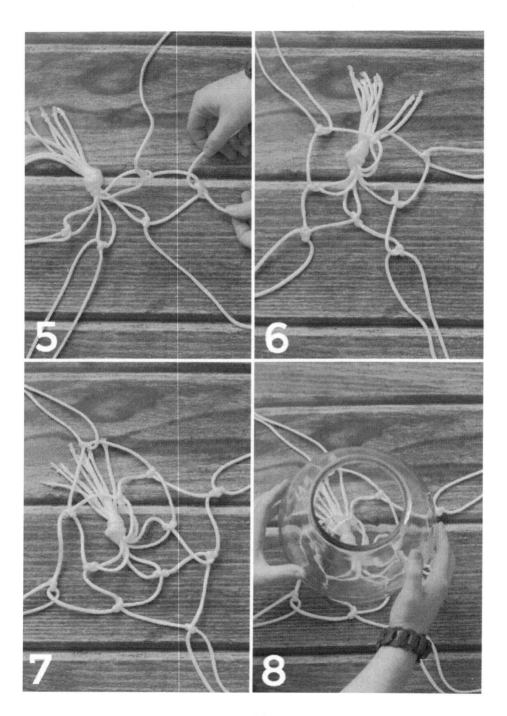

PASSAGGIO 5:

Prendi un pezzo di corda da una sezione e combinalo con un pezzo di corda da una sezione vicina legando un doppio nodo a 5 cm di distanza dai nodi precedenti che hai fatto.

PASSAGGIO 6:

Ripeti questo processo per le sezioni rimanenti, usando un pezzo di corda di due sezioni diverse.

PASSAGGIO 7:

Ora ripeti i passaggi 5 e 6. Prendi un pezzo di corda da una sezione e combinalo con un pezzo di corda da una sezione vicina legando un doppio nodo a 5 cm di distanza dai nodi precedenti che hai legato. Ripetere questo processo per le sezioni rimanenti.

PASSAGGIO 8:

Posiziona la ciotola del pesce sopra le corde annodate, al centro del grande nodo originale che hai legato. Tirare le estremità libere del cavo intorno alla ciotola del pesce. La ciotola dovrebbe posare in modo sicuro nell'area annodata.

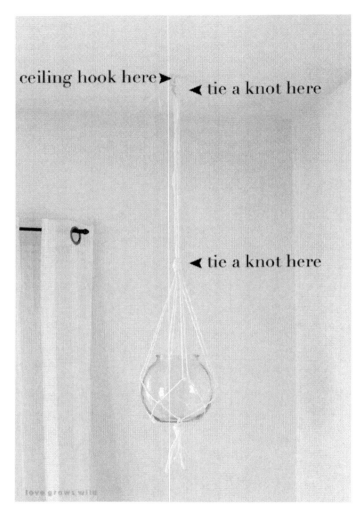

ceiling hook here ► ◄ tie a knot here

◄ tie a knot here

PASSAGGIO 9:

Fai un nodo pettinando di nuovo tutti e otto i pezzi a circa 25-30 cm sopra la parte superiore della ciotola del pesce. Assicurati solo di lasciare abbastanza spazio per tirare dentro e fuori la ciotola per la pulizia. Fai un altro nodo all'estremità delle corde sciolte e tiralo il più stretto possibile.

PASSAGGIO 10:

Aggiungi un gancio da soffitto dove vuoi appendere la ciotola del pesce. Fai scorrere il gancio, sotto il nodo superiore, tra gli otto pezzi di corda. Assicurati che quattro pezzi di cavo siano su entrambi i lati del gancio per tenere il gancio in posizione.

Hai sentito dire che l'aggiunta di piante a una stanza darà vita al tuo spazio, giusto? Bene, questi adorabili pesciolini fanno esattamente la stessa cosa e i loro colori vivaci mi fanno sorridere ogni volta che passo!

ARAZZO

Per questo modello, avrai bisogno di:

Corda

Tassello o ramo (circa 25 cm)

Forbici

Assicurati di conoscere i seguenti nodi:

 Nodo a testa di allodola

Nodo quadrato

Nodo a chiodo di garofano (orizzontale)

Nodo a spirale

Nodo costrittore

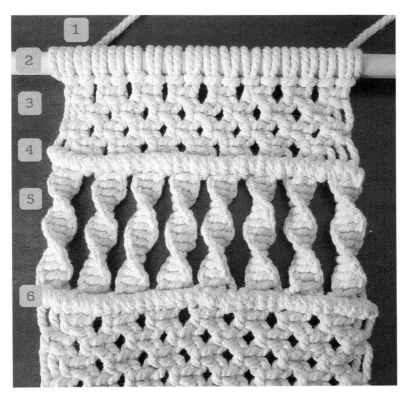

Lunghezza e dimensioni del cavo:

— Corda macramè da 4 mm

— 16 cavi a 3,2 m

— 1 cavo a 50 cm

Passaggio 1:

attacca il cavo da 50 cm usando il nodo costrittore su entrambe le estremità del tassello. Appendi il tassello o il nastro adesivo per fissare i cavi rimanenti.

Passaggio 2:

utilizzare il nodo a testa di allodola per tutte e 16 le corde, piegate e annodate sul tassello.

Passaggio 3:

1a riga – 8 nodi quadrati

2a riga – In alternanza dalla 1a riga, 7 nodi quadrati.

3a riga – 8 nodi quadrati

4a riga – 7 nodi quadrati

Passaggio 4:

utilizzare il cavo più esterno a sinistra come cavo di riempimento, fare un nodo di chiodi di garofano - Orizzontale fino in fondo.

Passaggio 5:

raggruppare le corde in quattro e fare un nodo a spirale. Dovrebbero esserci 8 spirali, ciascuna da 6 cm. (16 nodi a spirale)

Passaggio 6:

utilizzare il cavo più esterno a sinistra come cavo di riempimento, fare il nodo a chiodo di garofano - Orizzontale completamente.

Passaggio 7:

metti da parte le due corde più esterne a sinistra e inizia i tuoi nodi quadrati.

1a riga – 7 nodi quadrati

2a riga – Alternando dalla riga sopra, fai 8 nodi quadrati.

3° riga – 7 nodi quadrati

4° riga – 8 nodi quadrati

5° riga – 7 nodi quadrati

6° riga – 6 nodi quadrati

135

7° riga – 5 nodi quadrati

8° riga – 4 nodi quadrati

9° riga – 3 nodi quadrati

10° riga – 2 nodi quadrati

11° riga – 1 nodo quadrato

Passaggio 8:

prendi il primo set di quattro corde da sinistra e a 5 cm in basso, fai un nodo quadrato.

Dal nodo quadrato che hai appena fatto, usa le due corde giuste da quel set insieme a due corde adiacenti accanto al nodo quadrato e fai un nodo quadrato sotto il primo nodo quadrato. (Vedi immagine sotto)

Ripeti lo schema con il secondo nodo quadrato prendendo le due corde giuste da quel set e le due corde adiacenti e fai un altro nodo quadrato proprio sotto il secondo. Inizierà a scendere a cascata.

Continua per altri 5 nodi, per un totale di 7 nodi quadrati sul lato sinistro.

Ripeti sul lato destro del progetto: ricorda lo spazio di 5 e 7 nodi quadrati verso il basso.

I nodi del lato sinistro e destro dovrebbero allinearsi e puoi finire l'ottavo e il nodo quadrato centrale in basso prendendo due corde destre dal lato sinistro e due corde sinistre dal lato destro e fai il tuo ultimo nodo quadrato.

Hai finito! Sentiti libero di lasciare così com'è o di tagliare per una linea pulita o un taglio angolato. Aggiungi perline al capolavoro.

MACRAMÈ DA PARETE

Nodi di cui avrai bisogno:

- Nodo a testa di allodola

- Nodo quadrato

- Doppio nodo quadrato

- Doppio mezzo nodo

Di cosa avrai bisogno:

- 49 m di cavo macramè (spessore 3 mm)

- Forbici

- Cerchio d'oro da 25 cm

- Cerchio d'oro da 35 cm

- Metro A nastro

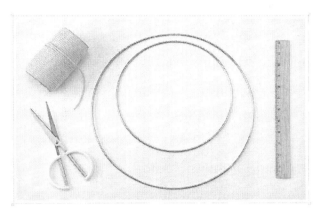

Procedimento:

Passaggio 1: tagliare il cordoncino macramè in sedici pezzi da 3 m ciascuno.

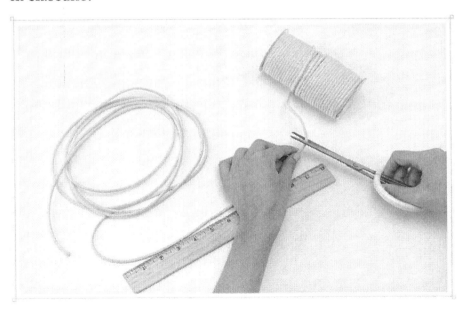

Passaggio 2: lega 16 nodi a testa di allodola sul cerchio da 25 cm.

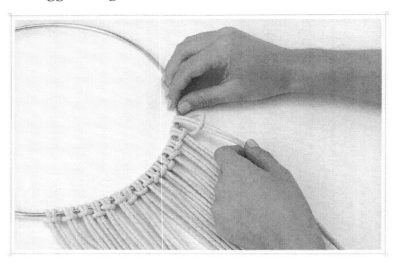

Piega un pezzo di corda a metà e fai un nodo a testa di allodola attorno al cerchio. Ripeti l'operazione per tutti i 16 pezzi di cordoncino macramè.

Passaggio 3: crea 7 file di nodi quadrati, alternando 7 e 8 nodi.

Ora partire dal primo cavo di sinistra.

Riga 1: inizia con la prima corda: fai 8 nodi quadrati

Riga 2: inizia con la 3a corda: fai 7 nodi quadrati

Riga 3: inizia con la prima corda: fai 8 nodi quadrati

Riga 4: inizia con la 3a corda: fai 7 nodi quadrati

Riga 5: inizia con la prima corda: fai 8 nodi quadrati

Riga 6: inizia con la 3a corda: fai 7 nodi quadrati

Riga 7: inizia con la prima corda — fai 8 nodi quadrati

Passaggio 4: attaccare ciascuna delle 32 corde alla parte inferiore del telaio da 35 cm con un nodo doppio a mezzo intoppo.

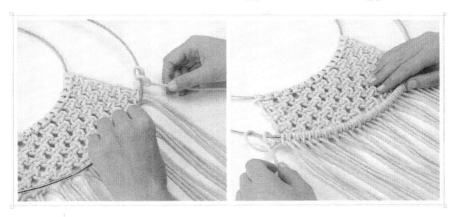

Riga 8: inizia con la prima corda: lega 32 nodi doppi a mezzo intoppo al telaio.

Passaggio 5: continuare a fare nodi quadrati e doppi nodi quadrati per altre 16 file.

Riga 9: inizia con la prima corda — fai 8 nodi quadrati

Riga 10: inizia con la 3a corda: fai 3 nodi quadrati, salta 4 corde, fai 3 nodi quadrati

Riga 11: inizia con la prima corda: fai 3 nodi quadrati, salta 8 corde, fai 3 nodi quadrati

Riga 12: inizia con la 3a corda: fai 2 nodi quadrati, salta 2 corde, fai 1 doppio nodo quadrato, salta 2 corde, fai 2 nodi quadrati

Riga 13: inizia con la prima corda: fai 3 nodi quadrati, salta 8 corde, fai 3 nodi quadrati

Riga 14: inizia con la 3a corda: fai 3 nodi quadrati, salta 4 corde, fai 3 nodi quadrati

Riga 15: inizia con la prima corda — fai 8 nodi quadrati

Riga 16: inizia con la 3a corda — fai 7 nodi quadrati

Riga 17: inizia con la prima corda — fai 8 nodi quadrati

Riga 18: inizia con la 3a corda — fai 7 nodi quadrati

Riga 19: inizia con la 5a corda — fai 6 nodi quadrati

Riga 20: inizia con la settima corda — fai 5 nodi quadrati

Riga 21: inizia con la nona corda — fai 4 nodi quadrati

Riga 22: inizia con l'undicesima corda — fai 3 nodi quadrati

Riga 23: inizia con la tredicesima corda — fai 2 nodi quadrati

Riga 24: inizia con la 15a corda - fai 1 nodo quadrato

Passaggio 6: fai 16 nodi diagonali a mezzo nodo iniziando con il cavo più a destra.

Un nodo a mezzo nodo diagonale è lo stesso di un nodo normale, ma invece di legarlo attorno al telaio lo legherai attorno a un'altra corda. Prendi il cavo più a destra (32°) e incrocialo sugli altri cavi a sinistra. Inizia con la 31a corda e fai 15 nodi a mezzo nodo alla 32a corda.

Riga 25: inizia con la 31a corda: fai 15 nodi a mezzo nodo diagonali a sinistra.

Passaggio 7: lega 16 nodi a mezzo nodo diagonali iniziando dal cavo più a sinistra.

Ripeti il passaggio precedente sul lato opposto. Incrocia la corda più a sinistra sopra le corde a destra e fai dei nodi a mezzo nodo alla corda.

Riga 25: inizia con la 1a corda: fai 16 nodi a metà nodo diagonali a destra.

Passaggio 8: tagliare l'estremità dei cavi.

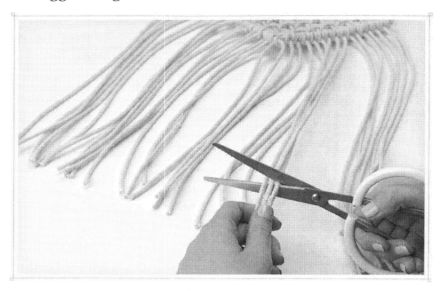

Passaggio 9: appendi e divertiti!

APPENDIABITO PER PIANTE MACRAMÈ

Strumenti e materiali:

- Forbici

- Corda di cotone

- Anello in legno da 55 mm

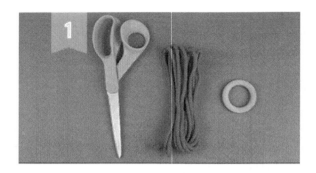

Procedimento:

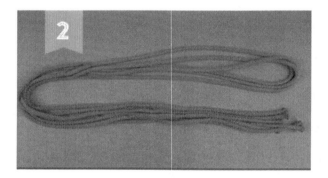

Taglia tre pezzi di corda da 135 cm cad.

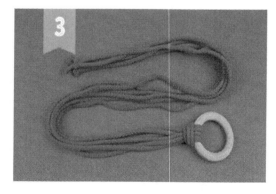

Piegare a metà e legare sull' anello di legno con il nodo a testa di allodola.

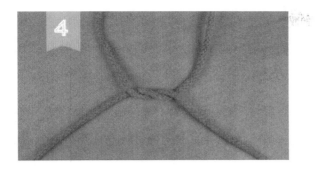

Partendo da 18 centimetri verso il basso dall'anello superiore, legare un mezzo nodo.

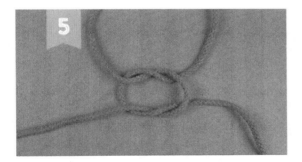

Lega un secondo mezzo nodo semplice nella direzione opposta.

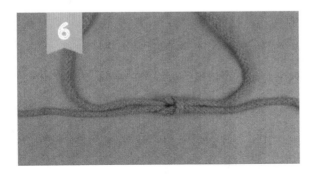

Tirare da entrambi i lati per fissare il nodo.

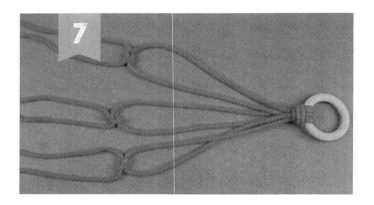

Lega tre nodi in totale.

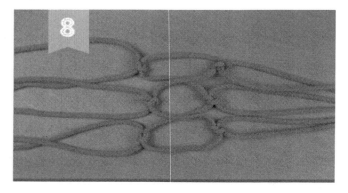

Lega un'altra serie di nodi a 7 centimetri.

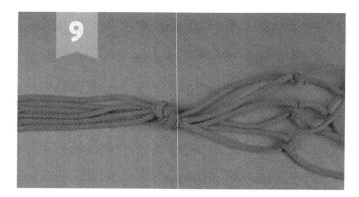

A 11 centimetri più in basso, raccogli tutte e sei le corde e legale con un grande nodo.

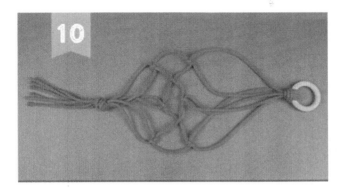

Tagliare la corda sul fondo della fioriera.

Il tuo appendiabito per piante e' pronto.

ORECCHINI A CERCHIO

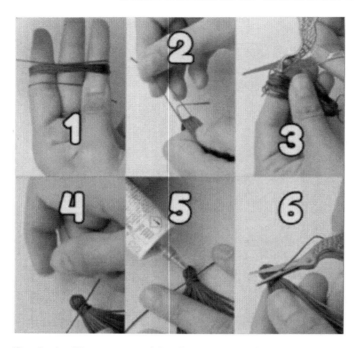

Puoi riutilizzare vecchie frange per fare orecchini. Molti indumenti includono frange come materiale decorativo che puoi sfruttare per fare i tuoi mestieri fai da te. Puoi trovare frange colorate su magliette, borse, cappotti, zaini o borse di ogni tipo. Puoi riciclare le frange colorate dai vestiti che non usi più. Molti contenitori, pacchetti o magliette includono queste perline. La cosa eccitante nel fare i tuoi accessori è riutilizzare materiali e tessuti che potresti aver dimenticato a casa. In questo modo, contribuisci al riciclaggio, fai un consumo responsabile ed eviti di acquistare vestiti inutili. Se hai delle frange, puoi anche comprarle nei negozi di perline per gioielli. Preferisci fare le tue frange? È senza sforzo, e hai bisogno di filo sintetico e resistente, colla a contatto e forbici.

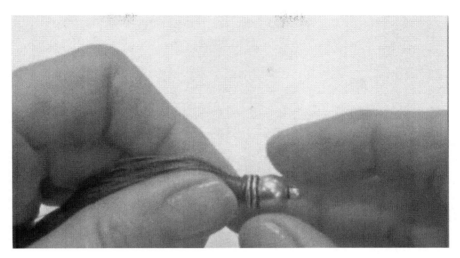

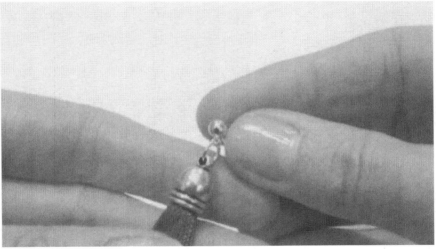

Realizza i tuoi orecchini con frangia passo dopo passo. Avete solo bisogno di colla a contatto, filo sintetico e forbici. Per completare gli ornamenti, avrete anche bisogno di tappi per gioielli e ganci per orecchini. Prima di tutto, avvolgi 3 metri di filo sulle dita, tienilo e legalo con altro nastro, taglia i fili all'estremità opposta, usa un altro pezzo di filo e avvolgilo intorno alla parte interessata, legalo da dietro e usa la colla per fissare il nodo. Infine, usate le forbici per tagliare il

151

pezzo in eccesso. A questo punto, dovremmo già avere le nostre due frange pronte per trasformarle in bellissimi orecchini. Da qui, abbiamo diverse opzioni; l'opzione che raccomandiamo è quella di utilizzare tappi di gioielli per ornamenti e colla a contatto. L'ultimo passo è utilizzare due ganci per orecchini su ogni tappo. Puoi usare le pinze per gioielli se hai bisogno di aprire e fissare gli anelli o qualsiasi altro materiale che usi. È possibile ottenere tutti i materiali utilizzati nelle gioiellerie specializzate o riciclando vecchi orecchini che non si applicano più.

CONCLUSIONE

Questo libro è scritto in onore del tuo spirito, per approfondire l'esperienza del Macramè nonostante la sua mancanza di richiesta. Una minuscola comunità in tutto il mondo pratica ancora il macramè. La maggior parte di queste persone sono mature e anziane e possono aver imparato l'arte del Macramè durante il periodo d'oro negli anni '70. Il macramè è stato abbracciato come un mestiere versatile, potenziale e di tendenza, degno di completare altri prodotti alla moda per l'espansione nel processo di sviluppo del prodotto, che ha una cultura e interessi economici così come una cultura di sostegno. Alcune delle ipotesi che sono state tratte sono che l'artigianato del macramè è diventato un tutt'uno con le nostre arti tradizionali, soprattutto tra i giovani, e sta ancora vivendo un cambiamento sempre più notevole. Ora l'arte del Macramè sta rinascendo, a causa del suo uso in gioielli che ha fatto il giro dell'industria della moda. Gli stessi motivi decorativi si vedono in abiti eleganti, borse, berretti e cinture. Macramè è un modo di creare tessuti che usano nodi piuttosto che altre tecniche di tessitura o di lavoro a maglia. Il Macramè era inizialmente usato dai marinai per decorare i manufatti o le loro navi, ma ora è spesso usato per fare scarpe, contenitori, lenzuola, grucce per le piante, e altre cose come appendimenti per le pareti. In epoca vittoriana, il Macramè era notevolmente popolare come merletto e veniva usato per decorazioni su tutto, dalle giacche agli indumenti intimi, tende, ornamenti e gioielli.

Se state imparando a fare il Macramè o lo fate da anni, avrete trovato un sacco di informazioni molto utili. In questo libro hai imparato alcuni nodi comuni, modelli e metodi usati nelle istruzioni di macramè per creare diversi disegni o modelli. Avete anche imparato a conoscere i diversi tipi di materiali utilizzati per il macramè. Ci sono diversi tessuti riconosciuti utilizzati per fare macramè, questi includono seta, rayon, fili di rafia, fili per cucire le scarpe, fili di cotone, juta, strisce di stoffa, strisce di pelle, lacci per scarpe, e tutti gli altri tessuti leggeri, malleabili, pieghevoli, e resistenti e sicuri per le mani. Tuttavia, la juta, la seta, il lino e il cotone sono i tessuti più comunemente usati per il Macramè perché si annodano facilmente, sono disponibili in diverse misure, possono essere tinti e sono facilmente disponibili. Anche la pelle e il camoscio sono talvolta usati per il macramè. Hai anche imparato una grande varietà di nodi e combinazioni di nodi che si trovano nel macramè, incluso il nodo quadrato, il mezzo nodo, il mezzo intoppo, e il nodo testa d'allodola. Puoi imparare vari modelli che possono essere creati a seconda dei nodi usati e se sono usati individualmente o in aggiunta ad altri. Anche alcune borse comuni, e anche i braccialetti dell'amicizia creati da molti bambini, sono fatti con il macramè.

Abbraccia questa arte e buona continuazione!

IL LIBRO ESSENZIALE DEL MACRAMÈ

Guida per Imparare Tutti i Fondamenti del Macramè. 18 Idee Creative per Iniziare.

INTRODUZIONE

Benvenuto nel secondo libro! In questa sezione di libro andremo a spiegare quali sono le caratteristiche per produrre dei veri e propri progetti. Andremo nello specifico su come calcolare le lunghezze delle corde, cosa utilizzare e come utilizzarle. Andare ad utilizzare i giusti materiali, con le giuste misure, aiuterà voi a finire per intero il vostro progetto senza complicazioni e senza troppo stress. Si, ho citato quest'ultimo in quanto molte persone che approcciano a questo mondo si trovano in momenti di grande frustrazione; ma questo sarà normale per tutti, all'inizio. Basti pensare che tutti i principianti, in un certo qual modo, si trovano a sbagliare e rovinare progetti. Con le tecniche che andremo a vedere insieme tutto questo verrà piano piano sconfitto, e voi con i vostri progetti varete la meglio!

Questa sezione del libro sarà molto breve e coincisa!

Troverete un glossario finale per tutti i termini nuovi, il che potrete andare ad utilizzare mentre eseguite dei progetti e non capite qualcosa. Buono studio!

CAPITOLO 1: CALCOLO DELLE LUNGHEZZE DEI CORDONI MACRAMÈ

Quando si lavora a un progetto macramè, è fondamentale valutare la lunghezza dei cordoni per stimare quanti cordoni servono per finire il lavoro. Può sembrare un compito semplice, ma la maggior parte delle persone si ritrova con meno o più del necessario - il che può essere irritante! Calcolare la lunghezza della corda per macramè è uno degli aspetti più difficili del mestiere.

Come misurare lo spessore di una corda macramè?

Prima che tu possa iniziare a calcolare la lunghezza del cavo di cui avrai bisogno per il tuo progetto, devi prima determinare lo spessore della tua corda. In genere, la corda macramè è misurata in millimetri. Gli spessori di corda più tipici per molti lavori sono 3, 4 e 5 mm; tuttavia, ci sono spessori di corda che vanno da 1 mm a 30 mm e più! Quando porti a casa la tua corda e la scarti, scrivi lo spessore sulla testa della bobina. È facile dimenticare le sue dimensioni mentre si lavora, e la stima può essere difficile, soprattutto se non si ha qualcosa a cui fare riferimento. È necessaria una lunghezza maggiore se la corda è più spessa. Tre file di nodi quadrati alternati con una corda di 3 mm richiederanno molta meno corda di 3 file di nodi identici con una corda di 7 mm.

Il modo semplice per calcolare la lunghezza della corda

Per determinare la lunghezza delle corde, moltiplicate la lunghezza finale del vostro lavoro x 5/8 volte. Poi aggiungete altro per la quantità di frangia che desiderate alla fine. Se hai intenzione di piegare le corde a metà e collegarle ad un tassello (ad esempio, per un appeso al muro), moltiplica il numero che hai appena ottenuto per due per ottenere la lunghezza finale della corda. Questa tecnica non è molto precisa, e di solito si finisce con la corda in eccesso. Tuttavia, se l'aritmetica non è tua amica, questa è un'opzione valida. Quando finiamo un progetto, misuriamo il più piccolo pezzo di corda in più quando viene tagliato, lo moltiplichiamo per due, e deduciamo l'importo dalla lunghezza della corda per un riferimento successivo. Funziona bene per noi e non è troppo impegnativo per il nostro cervello. I pezzi rimanenti vengono poi salvati per progetti futuri.

Suggerimenti sulla lunghezza della corda Macramè

Qui ci sono alcuni suggerimenti che rendono il calcolo delle corde macramè un po' più facile: Le corde più spesse avranno bisogno di una lunghezza maggiore, mentre le corde più sottili avranno bisogno di meno.

I cordoni più duri hanno bisogno di una lunghezza maggiore di quelli più morbidi; per esempio, il cotone a un filo richiede meno lunghezza di quelli ritorti a 3 fili. Più nodi ci sono nel vostro disegno, più cordone avrete bisogno. Consumerà meno se ci sono molte parti non annodate. Se non siete sicuri, tagliate un po' di corda in più. Gli scarti possono sempre essere usati per fare piume di macramè!

Aiutati con una tabella

Fai una tabella per ottenere misure più accurate! Per fare questo, hai bisogno di corde in tutti gli spessori che normalmente usi per l'artigianato macramè, così come di un tassello. Inoltre, avrai bisogno di una matita e carta per prendere appunti. Quanta corda serve per fare un nodo a testa di allodola? Per prima cosa, usa i nodi a testa di allodola per collegare un pezzo di ogni spessore di corda al tuo tassello, e traccia un segno su entrambe le estremità della corda esattamente dove la corda esce dal nodo. Sciogli il nodo, poi misura la lunghezza tra i segni. Questa è la quantità di corda di cui avrete bisogno per fare un nodo a testa di allodola intorno al tassello di qualsiasi dimensione che state usando. Prendi nota del numero e continua la procedura con gli altri spessori di corda. Quanta corda è necessaria per un nodo quadrato? Usa i nodi Lark's Head (nodi quadrati) per fissare due pezzi di corda al tuo tassello. Fai un nodo quadrato, lasciando abbastanza spazio tra il nodo e il tassello per semplificare la marcatura. Poi, metti un piccolo segno su tutte le corde nella parte inferiore e superiore del nodo. Fai i segni esattamente dove le corde emergono dal nodo. Sciogliere il nodo quadrato e controllare ogni corda separatamente. Le corde di riempimento rimarranno le stesse, ma le corde di lavoro cambieranno. Prendi nota del numero sulla tua tabella per lo spessore del cavo. Ripeti queste procedure per ogni spessore di corda e ogni tipo di nodo, e avrai un metodo abbastanza completo per stimare lo spessore della corda. Puoi fare un ulteriore passo avanti facendo dei modelli di nodi, come un numero specifico di file di nodi quadrati alternati, segnando la parte superiore e inferiore, sciogliendo tutti i nodi e misurando il risultato.

Aumentare la lunghezza della corda

Quando si finisce la corda di macramè durante un progetto, ecco alcune semplici misure che si possono prendere:

Quando le corde di riempimento diventano troppo corte mentre fai un nodo quadrato Sennit.

- Le corde di riempimento possono diventare troppo corte per i tuoi nodi sennit. Quando ciò accade, è molto facile aggiungere corda!
- Prendi una corda nuova, piegala a metà e mettila sotto le corde corte di riempimento.
- Avvolgi le corde corte intorno alla nuova corda e fissale dietro il sennit.
- Ora fate il prossimo nodo quadrato intorno alle corde di riempimento fresche e continuate a fare nodi fino alla fine.
- Girate il vostro lavoro e infilate le corde corte sotto alcuni nodi.
- Tagliate la corda in più e avete finito!

Quando le corde diventano troppo corte per fare i nodi quadrati alternati.

Quando fai i nodi quadrati alternati, a volte puoi avere una o due corde che sono semplicemente troppo corte.

- È più semplice aggiungere ulteriore corda quando si tratta di corde di riempimento; quindi, fermarsi su una fila, quando è il caso, renderà il tuo lavoro più semplice.

- Inoltre, trovo più semplice sostituire due corde una accanto all'altra, quindi anche se una è ancora più lunga, sostituirei semplicemente la coppia.

- Piegare un pezzo fresco a metà e avvolgerlo intorno alle corde corte se una serie di corde di riempimento diventa troppo corta durante i nodi quadrati alternati.

- Fare i nodi quadrati alternati normale, poi girare il lavoro.

- Inserisci le estremità corte dietro alcuni nodi.

- Rimuovi la corda in più e sei pronto a partire!

Quando una corda di lavoro diventa troppo corta quando si fanno i doppi nodi a mezzo punto

Quando si fanno i doppi nodi a mezzo punto, è abbastanza semplice sostituire una corda di lavoro troppo corta!

- Collegare la nuova corda all'asta per tenerla in posizione mentre si fa il primo nodo, ma non è necessario; rende solo il primo nodo più facile.

- Uno dei fili di lavoro è molto corto per fare i doppi nodi di mezzo punto.

- Poiché è vicino all'asta, abbiamo legato la nuova corda per semplificarla, ma non è necessario.

- Utilizzare la nuova corda di lavoro per fare il prossimo nodo DHH (doppio mezzo nodo), lasciando il filo corto dietro.

- Continuate a fare nodi DHH fino alla fine.

- Girate il vostro lavoro e prendete le corde corte dal basso, e dall'alto incrociatele e nascondetele sotto alcuni occhielli.

- Rimuovete ogni corda in più. Fatto!

L'esaurimento della corda è una significativa fonte di frustrazione per i principianti e gli artigiani esperti quando si tratta di Macramè. Sapere come aggiungere altra corda quando la finisci può aiutarti a salvare il tuo progetto!

CAPITOLO 2: INIZIARE CON IL MACRAMÈ

Tutto ciò che serve per iniziare il Macramè è un po' di corda per macramè e un po' di abilità. Il modo più semplice per iniziare con il Macramè è quello di scegliere un progetto iniziale facile, come una pianta appesa o un piccolo applique. Questa guida per principianti al Macramè ti insegnerà tutti i requisiti necessari per iniziare.

- Di quali materiali avrete bisogno?

- Come organizzare il tuo posto di lavoro?

- Come come fare i nodi macramè di base?

Materiali

Per iniziare con il Macramè, non avrete bisogno di attrezzature complesse o materiali costosi; avrete bisogno di alcuni fondamenti.

E con queste forniture di alta qualità per il macramè, si può essere certi che i progetti risultino grandiosi e non ci sia delusione. Quelli che seguono sono gli articoli essenziali di cui avrete bisogno subito:

- Corda di cotone macramè per il tuo cordone di lavoro.

- Forbici affilate come un rasoio.

- Qualcosa per mantenere il vostro lavoro.

Lo spago o la corda di cotone è il miglior tipo di corda per macramè. La corda di cotone è un materiale morbido e flessibile che è facilmente accessibile. È semplice da legare e non si allunga con il tempo. La corda di cotone può essere acquistata a un prezzo ragionevole online o nella maggior parte dei negozi di artigianato. Mi piace usare una corda di cotone di 4-6 mm a 3 strati per la maggior parte dei lavori di decorazione della casa. Scegliere una corda con un diametro inferiore a 2 mm per le creazioni di gioielli (micro-macramè). Avrete bisogno di corda e forbici per qualsiasi cosa stiate creando. Quando si tratta di tagliare le frange, le forbici affilate sono un must. Le forbici da sartoria sono le migliori. Il macramè può essere creato usando corde fatte di diversi materiali, come lino, cotone, canapa, lana, juta o pelle. Alcuni progetti possono richiedere l'uso di hardware specializzato, come anelli di legno duro, cerchi di metallo, fibbie per cinture o maniglie per borse. Altri componenti ornamentali, come perline di legno o vetro, possono essere aggiunti.

Organizzare il tuo spazio di lavoro

Dopo che hai imparato le basi, è il momento di costruire la tua area di lavoro ideale per il macramè! È necessario innanzitutto creare una postazione di lavoro macramè prima di iniziare un nuovo progetto. Assicurati di avere abbastanza illuminazione e spazio per camminare comodamente. Si può lavorare orizzontalmente su un tavolo piatto o verticalmente su una disposizione appesa, a seconda del tipo e delle dimensioni del vostro progetto. Ma quando si tratta di organizzare la tua postazione di lavoro Macramè, io non mi sforzerei troppo per questo se hai appena iniziato.

Ho attaccato tasselli, cerchi e anelli a tavoli, porte e pareti, e le mie creazioni sono venute fuori perfettamente! Occorre adottare una disposizione verticale per i progetti più grandi, in particolare per arazzi. Appendi il tuo lavoro a un'altezza che ti permetta di lavorare comodamente. Ecco alcune idee per appendere il tuo pezzo:

- **Sospendere un'asta di legno da un appendiabiti.**

- **Dietro una porta chiusa**

- **Attraverso la parte posteriore di una sedia alta**

- **Usando una maniglia della porta.**

Tuttavia, arriverà un momento in cui sarete stanchi di attaccare le cose al muro e vorrete un po' più di comodità quando lavorate su grandi progetti Macramè. Suggerisco l'acquisto di un appendiabiti a basso costo per appendere il vostro lavoro in un tale scenario. Usando grandi ganci a S, puoi appendere i tuoi tasselli e anelli all'appendiabiti.

Disposizione orizzontale: i lavori più piccoli possono essere completati su una superficie piatta e orizzontale, come un tavolo. Per mantenere la tensione sulle corde mentre si lavora, fissare l'estremità iniziale dell'articolo al tavolo. Gli articoli più piccoli, come i braccialetti macramè, possono essere fissati sotto la clip di una cartellina. Per gli articoli più piccoli, come i gioielli Macramè o le borse, puoi usare una comoda tavola Macramè per appuntare rapidamente il tuo lavoro.

CAPITOLO 3: SUGGERIMENTI E TRUCCHI IMPORTANTI

È una sensazione fantastica scoprire il macramè ed essere incoraggiati ad imparare, ma può anche essere scoraggiante quando ci si siede e si cerca di capire da dove cominciare.

Iniziare con i nodi di base

Se sei nuovo, ci sono una pletora di nodi diversi da padroneggiare. Per acquisire la tua tecnica, ti consiglio di iniziare con alcuni modelli e nodi semplici. Ci vorrà un po' di pratica per trovare la tecnica ideale per tenere e avvolgere le tue corde, così come dove appoggiare le tue dita. Le cose si muoveranno ad un ritmo vertiginoso se continui ad allenarti. È simile all'imparare a suonare uno strumento. Quindi, la pazienza è essenziale. Un nodo quadrato di base è un bel primo nodo da padroneggiare. Questo nodo è il fondamento della maggior parte del macramè disponibile oggi, ed è un nodo iniziale davvero semplice da eseguire. Questo è un nodo che tutti imparano nei corsi di artigianato! Una volta che hai imparato i nodi fondamentali, noterai immediatamente che i modelli che prima erano impossibili da duplicare ora sono un gioco da ragazzi! Poi, scegli un semplice modello di partenza, come quelli mostrati. Fortunatamente, la parte migliore del Macramè è che puoi facilmente sciogliere i tuoi nodi e ricominciare.

Partecipare a un workshop

Mentre imparare da soli è piacevole, ti consiglio di partecipare a un workshop se ce n'è uno disponibile nella vostra regione. Potrai incontrare tante persone che la pensano come te e andare via non solo con il tuo progetto artistico finito, ma anche con nuovi amici!

Conservare tutti gli avanzi di corde

Mentre stai imparando, potresti trovarti a dover provare e riprovare. Ottenere la giusta lunghezza della corda potrebbe essere la tua sfida più difficile. Non dovresti mai usare poca corda perché potrebbe essere difficile aggiungerne altra alla tua creazione in fase di lavoro. Di solito si raccomanda di utilizzare almeno il 10% in più di quello di cui pensate di aver bisogno per essere sicuri. Questo libro include una precisa procedura passo dopo passo per calcolare quanta corda vi servirà per il vostro macramè. Tieni presente che potresti ritrovarti con del cavo in eccesso dopo il tuo progetto! Non preoccuparti! Ti suggerisco di conservare tutta la corda in eccesso. Il cavo usato può essere riutilizzato in progetti futuri.

Formazione online

Leggere libri e guardare corsi online sono le prossime migliori opzioni se non puoi partecipare ad un workshop. C'è una crescente collezione di istruzioni video da cui scegliere e dozzine di altri progetti ispirati.

Divertimento

Inoltre, accetta il fatto che ti irriterai e farai numerosi errori, soprattutto all'inizio. Uno degli aspetti più divertenti del viaggio è esprimere la tua creatività attraverso il Macramé! Cerca di non essere troppo severo con te stesso. Lascia che la tua immaginazione si scateni, e ti ritroverai con una creazione unica e stupefacente!

Errori comuni da evitare

1. Taglio improprio del cavo. Come abbiamo detto in precedenza, uno dei problemi principali è non avere abbastanza cavo per completare i compiti! Non essere in grado di completare l'applique che stai tentando quando le scorte finiscono è davvero frustrante. Quindi, assicurati che la tua corda sia 4 volte la lunghezza della creazione che intendi completare e 8 volte la lunghezza se la piegate a metà!

2. Non acquistare abbastanza corda o cavo. Anche in questo caso, come per il fatto di non tagliare il cavo abbastanza a lungo, dovresti assicurarti di acquistarne abbastanza! Non solo finiamo la lunghezza per il progetto, ma possiamo anche finire i materiali; così, finiamo con un appeso macramè molto piccolo. Potrebbe essere necessario fare un po' di aritmetica per assicurarsi di acquistarne abbastanza.

Facciamo un esempio per chiarire i dubbi: in un progetto, se fossimo in grado di inserire 28 fili sopra il bastone (tassello per un progetto appeso). Dato che sarà piegato a metà, abbiamo bisogno che sia 8 volte la lunghezza necessaria di 75 cm. Ecco un esempio di come calcolare: Ogni filo è 8 (n° standard da utilizzare) x (75 cm), per una lunghezza totale di 600 cm. 75 cm per ogni filo moltiplicato per 28 fili equivale a 2100 cm (21 m) di cavo totale richiesto.

3. Mancata pratica dei nodi. Questo è davvero cruciale! Se non sai come fare questi nodi e hai appena iniziato, prendi un bastone e un paio di fili di corda e fai pratica fino a quando non sei a tuo agio! Quando finirai il tuo progetto, non dovrai preoccuparti di capire come fare i nodi; invece, sarai in grado di costruire uno splendido progetto Macramè!

4. Stringere o non stringere i nodi. Quando si crea un Macramè, ci si vuole assicurare che i nodi siano stretti, ma a volte tirarli troppo stretti (in particolare su un nodo doppio) potrebbe danneggiare il progetto nella parte posteriore. Mi sono imbattuta in questo problema così tante volte e sto ancora cercando di capirlo! Il mio consiglio è di mantenere la stessa tensione per tutto il progetto e, se comincia ad arricciarsi, occorrerà andare un po' più sciolto nell'annodare.

5. Non rinunciare! Se il tuo primo progetto non va come previsto, potresti essere tentato di mollare. C'è stato un intervallo di due anni e mezzo tra quando ho tentato il mio primo progetto fallito e quando ho completato il mio principale progetto di successo. È un passatempo semplice una volta che hai imparato tutte le informazioni e le procedure necessarie! Quindi, non abbiate paura. Se le cose non vanno a modo vostro la prima volta, riprovate perché sapete che potete farlo!

CAPITOLO 4: TUTTO SUI FILI MACRAMÈ

Scegliere la fibra appropriata è un primo passo essenziale quando si inizia un nuovo progetto. Poiché ci sono così tante scelte, questo può essere un processo davvero eccitante e divertente, ma può anche essere un po' scoraggiante se non si sa da dove cominciare, quindi lasciate che vi spieghi un po'.

Ci concentreremo su tre categorie principali:

Contenuto di fibre

Dimensioni Struttura

Contenuto della fibra

Se stai cercando una corda, uno spago, un cavo o un filato, dovresti scegliere se vuoi trattare una fibra naturale o sintetica. Il cotone, la lana, la canapa, il lino e la juta sono fibre naturali che sono ottime per l'arredamento della casa, l'artigianato d'interni, i gioielli, le confezioni regalo, gli accessori e i tessuti. Sono anche biodegradabili, il che le rende una scelta ecologicamente responsabile per l'artigianato. Le fibre sintetiche, compreso l'acrilico, il polipropilene, la plastica e il nylon, sono eccellenti per i progetti all'aperto poiché reggono bene la pioggia o il sole e non si degradano nel tempo con l'esposizione all'ambiente.

Dimensioni: Le corde sono disponibili in una vasta gamma di larghezze e diametri, alcune sono più adatte a certi compiti rispetto ad altre. Le corde più piccole, 3 mm o meno, sono ideali per i gioielli e altri compiti piccoli o delicati. Le corde medie, da 4mm a 7mm, sono probabilmente le più usate, una dimensione meravigliosa per i novizi del macramè, più durevoli delle corde più piccole, e ideali per appendere alle pareti, appendere piante, mobili, tende, lanterne, tappeti e così via. Per la maggior parte dei nostri progetti, utilizziamo una corda a 3 strati di 5 mm. Le corde grandi, da 8mm a 12mm (e più), creano una dichiarazione e sono molto divertenti da lavorare, specialmente per le tappezzerie. A causa delle loro dimensioni, possono essere più difficili da trattare, ma lo sforzo vale la pena.

Si dovrebbe anche pensare a come la fibra si percepisca al tatto, in particolare se si sta annodando qualcosa di grande – la juta sembra bella, ma forse un po 'dura sulle mani. Ma non temete; i guanti sono un ottimo metodo per proteggere le vostre mani mentre avete a che fare con tessuti ruvidi.

Classificazione delle fibre

Il cotone è un tessuto meraviglioso da lavorare ed è così flessibile che può essere usato per quasi ogni progetto. E' comodo da tenere in mano, delicato al tatto e disponibile in varie dimensioni e strutture.

La corda di cotone è disponibile principalmente in 2 strati da 3mm, 3 strati da 5mm (che usiamo per tutti i nostri progetti e suggeriamo per i principianti), e 3 strati da 12mm (per progetti su larga scala o voluminosi) (questa corda funziona bene anche per progetti più leggeri, morbidi e delicati).

I fili di cotone sono estremamente morbidi, si annodano magnificamente e facilmente, ed sono disponibili negli spessori a 1 strato da 2mm, 4mm e 9mm.

La lana infeltrita è un materiale accattivante, denso e morbido. Fanne un tappeto ricco e bello o aggiungi un tocco di lana a una corda da appendere al muro. La lana infeltrita è disponibile in misure da 10 a 12 mm.

La iuta è un tessuto naturale e resistente con un bel colore e una bella struttura. È dura e graffiante, ma è una fibra che, annodata, è molto accattivante. La corda di iuta è disponibile in 1 strato da 6 mm.

Il propilene è una corda forte e duratura che può resistere alle intemperie, il che la rende un'opzione eccellente per le applicazioni all'aperto. La corda di polipropilene riciclabile al 100% è disponibile in una misura intrecciata da 4 mm. Questo è un bene sia per le vostre grucce per piante che per l'ambiente!

La corda più fine per Macramè

La maggior parte dei designer Macramè preferisce lavorare con corde Macramè in morbido. Questi cordoni di alta qualità sono un piacere da lavorare e renderanno immediatamente il tuo lavoro fantastico, anche se sei un principiante!

Varietà di corde Macramè

Le corde Macramè sono spesso disponibili in tre varietà: 3 strati, corda singola, e intrecciata. Questi cavi sono disponibili in spessori che vanno da 1,5 mm a 9 mm.

Cordoni a torsione singola: Le delicate fibre di cotone sono tutte attorcigliate insieme per i cavi a torsione singola. I cordoni a torsione singola sono fragili e possono disfarsi rapidamente, il che li rende inadatti alla pratica dei nodi. Sono semplici da modellare in una bella frangia.

Corde a tripla torsione (3 strati): Le corde a tripla torsione sono create da tre distinte sezioni con una sola torsione a spirale. Le corde a 3 strati sono ideali per i principianti e per l'uso nelle sessioni di pratica grazie alla loro costruzione robusta ma flessibile. Creano una frangia arricciata quando vengono spazzolate.

Corde intrecciate: I cordoni di cotone intrecciati sono morbidi e flessibili, il che li rende un eccellente sostituto del filato per magliette. I cordoni intrecciati sono fantastici in tutti i lavori manuali, ma non sono ideali per fare la frangia. A causa della natura flessibile di questo cavo, possono essere un po' più difficili da lavorare per i principianti assoluti. I cavi di cui hai bisogno per la tua creazione sono determinati dal disegno che stai usando, dalle tue preferenze personali, dalle dimensioni del tuo articolo e dal fatto che tu voglia o meno fare una frangia.

Spessore della corda per il progetto Macramè

Quando si sceglie lo spessore appropriato della corda per il vostro progetto, la linea guida fondamentale è quella di utilizzare corde sottili in piccoli progetti e corde spesse in quelli grandi. Quando si utilizzano corde sottili per un grande progetto, per esempio, tenere a mente che si dovrà eseguire un sacco di nodi, e i nodi e modelli saranno meno evidenti. Il mio suggerimento in base al tipo di progetto:

- Spessore del grande applique: 4-6 mm

- Dimensione della fioriera: 2-5 mm

- 3-5 mm piccola sospensione a muro

- Dimensione della borsa piccola: 2-5 mm

- Spessore della borsa media: 3-5 mm

- Dimensione del portachiavi / segnalibro: 1,5-3 mm

- 1,5-3 mm per gioielli

Migliori corde Macramè per principianti

Suggerisco di usare corde Macramè a 3 strati (da bobina) mentre stai ancora imparando i nodi e facendo errori nei tuoi disegni. I cordoni a 3 strati non si sbrogliano velocemente, e la costruzione robusta renderà più semplice la pratica delle vostre abilità, in particolare il mezzo doppio nodo. I cavi a 3 strati sono anche più adatti per progetti Macramè più grandi poiché non si sbrogliano così velocemente.

Quando si lavora con i cavi a 3 strati, bisogna sempre fissare con il nastro adesivo le estremità del cordone. I cordoni Macramè di buona qualità non sono generalmente disponibili nei negozi di artigianato; quindi, suggerisco di comprare i tuoi cordoni online.

CAPITOLO 5: 18 IDEE CREATIVE E UNICHE

1. SEDIA IN ALLUMINIO

Questa bellissima sedia potrà essere posta nel vostro giardino e dare un tocco di creatività e armonia. È un progetto che richiede pazienza e una conoscenza già tecnica dei nodi e del macramè, quindi se siete alle prime armi, non è consigliato eseguire questo progetto.

2. SOTTOPENTOLA IN STILE SCANDINAVO

3. CRISTALLI CURATIVI MACRAMÈ

Impara questa speciale tecnica di micro-macramé per incapsulare i cristalli curativi. Le pietre preziose sono i guaritori naturali di Madre Natura e sono una delizia da dare e ricevere. Le persone sono state attratte dai cristalli fin dall'alba dei tempi per i rituali di guarigione e il progresso spirituale. Questi Cristalli curativi sono davvero un regalo perfetto da regalare ai tuoi cari.

4. CUSCINO MACRAMÈ FAI DA TE

Per iniziare questo progetto ti servirà: lana, stoffa per realizzare la copertina, una pistola per colla, degli spilli, un paio di forbici e una macchina da cucire. Ora che tutto è pronto, è il momento di realizzare un dolce cuscino macramè!

5. PORTACHIAVI CON NAPPE

Chi non ama un portachiavi carino? Soprattutto un'adorabile versione fai-da-te che non richiede molto tempo per essere realizzata.

6. PALLONCINI MACRAMÈ

Invece di lasciare che i tuoi palloncini a elio galleggino dappertutto o di legarli con uno spago nel modo classico, prova ad avvolgerli in modo che sembrino appesi al soffitto! È semplice ed è economico da realizzare.

7. OROLOGIO CON BRACCIALETTO DELL'AMICIZIA

Il mio cinturino economico si è appena rotto e non sono riuscito a trovare un nuovo cinturino dello stesso colore. Quindi questa idea è fantastica! Non creavo un braccialetto dell'amicizia da un po', ma sono sicuro che tornerà da me. La chiusura a moschettone lo rende facile da indossare e da togliere.

Ottimo progetto, mi piace!

8. ACCHIAPPASOGNI

Adoro l'aspetto elegante ma piacevole per gli occhi che hanno questi pezzi. Adoro l'arte che si può creare con corde e nodi. È piuttosto impressionante.

9. COLLANA MACRAMÈ

Crea la tua semplice collana di macramè fai da te! Questa collana macramè fai da te con nodo a infinito è una splendida collana fatto a mano. Un progetto artigianale che rappresenta una meravigliosa dichiarazione personale o un regalo per un amico.

10. LANTERNE IN MACRAMÈ

11. BRACCIALETTO MACRAMÈ FAI DA TE

12. LAMPADA MACRAMÈ

13. BORSA CON NODO MACRAMÈ

14. CESTO APPESO MACRAMÈ

15. ANELLO MACRAMÈ

16. CIONDOLO MACRAMÈ FAI DA TE

17. SANDALI MACRAMÈ FAI DA TE

18. BRACCIALETTI DELL'AMICIZIA IN PIETRA

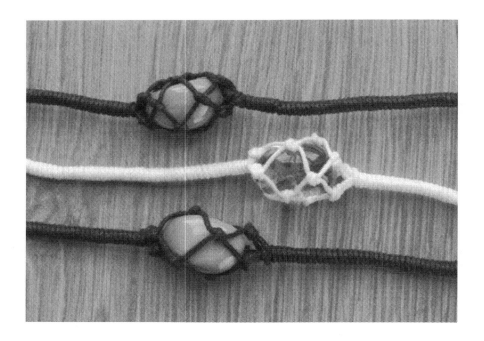

GLOSSARIO

Dato che il macramé è diventato un mestiere popolare, ci sono molte terminologie e acronimi usati in particolari disegni che le persone possono non conoscere o non capire. Mentre lavorate su diversi disegni macramé, vi imbatterete in frasi come corde di tenuta, corde di riempimento, tavola di progetto, fusione e così via. Bene, ecco un elenco di alcune parole fondamentali del macramè che dovreste conoscere mentre seguite i modelli.

A

Adiacente: uno accanto all'altro.

Alternanza di nodi quadrati, ASK: Poiché i nodi quadrati sono spesso impiegati nei disegni di macramè, questo acronimo viene utilizzato frequentemente.

Alternato: fare un nodo con 1 filo e poi passare ad un altro filo per fare lo stesso nodo.

Ansa: Una sottile porzione ripiegata di corda che viene infilata in altre sezioni del nodo.

B

BH: Asola. I nodi a testa d'allodola verticali vengono eseguiti per fare un'asola usata come chiusura o per legare insieme due sezioni.

Banda: Un tratto ampio e piatto di macramè.

Barre: Una serie di nodi che formano un'area rialzata nel disegno. I nodi a mezzo nodo sono spesso usati per fare le barre, che possono correre orizzontalmente, verticalmente o diagonalmente attraverso un lavoro di macramè.

C

Corda: Qualsiasi materiale in fibra usato per fare creazioni di macramè viene chiamato cordone o corda.

Corda intrecciata: Un tipo di cordone composto da molti pezzi di corda più sottili che sono stati intrecciati insieme. Le fibre intrecciate sono più resistenti di quelle singole.

Corpo: la sezione principale del modello su cui si sta lavorando.

Crook: La parte arricciata di un anello di corda.

Corda di lavoro: il filo con cui si sta lavorando al momento. Si divide in corde da annodare così come quelle che si annodano intorno (corde di riempimento).

Corda per annodare: La corda che viene usata per fare i nodi in un disegno.

D

Diagonale: Una stringa o fila di nodi che va dall'alto a sinistra al basso a destra (o viceversa). I nodi a mezzo nodo e altri nodi di lunghezza diagonale sono spesso impiegati nei modelli di macramè.

Diametro: La larghezza di un cordone, comunemente misurata in millimetri.

Doppio mezzo nodo: Questa frase del macramè si riferisce all'atto di annodare due nodi a mezzo nodo uno vicino all'altro.

Disegno orizzontale: Si riferisce alla creazione del disegno da un lato all'altro.

F

Fasci: Un gruppo di corde che sono state raccolte insieme.

Frangia: Le estremità del cordone che non sono legate ma vengono lasciate penzolare.

I

Intreccio: Un disegno in cui le corde sono intrecciate e tessute insieme.

Invertito: Capovolto.

L

Loop: La forma ovale o circolare che si forma quando si incrociano due parti di un filo.

LH: un nodo a testa di allodola.

M

Macramè cinese: Modelli annodati provenienti dalla Cina e da altre nazioni asiatiche.

Micro-Macramé: Artigianato macramé costruito usando materiali delicati o di piccolo diametro. Il micro-macramé è spesso caratterizzato come qualsiasi macramé che usa corde di meno di 2 mm di diametro.

Mount: Un pezzo di gioielleria, come un anello, una cornice o un manico, che viene usato come parte di una creazione macramé. I cordoni, per esempio, potrebbero essere attaccati ai manici di legno all'inizio della creazione di una borsa in macramè.

N

Naturale: Questa parola è spesso usata per riferirsi alle corde, ma si riferisce anche a qualsiasi materiale prodotto da piante, legno e altre cose naturali come la canapa e il cotone.

Netting (rete): Un modello di nodo con spazi vuoti aperti e non annodati in mezzo. Il reticolato è spesso usato per fare oggetti come borse e appendiabiti per piante.

Nodo a bottone: Un nodo stretto, rotondo e decorativo.

Nodo di combinazione: Un nodo formato dalla combinazione di due o più nodi per generare un nuovo nodo o elemento di disegno.

Nodo a corona: Un nodo ornamentale usato per il macramè, conosciuto anche come nodo fiore cinese o nodo Shamrock, a causa del suo aspetto finale.

Nodo di finitura: Un nodo usato per legare le estremità dei cordoni e impedire che si disfino.

Nodi di fusione: Un'altra parola per i nodi di combinazione.

O

OH: nodo overhand.

P

Picot: Anelli che sporgono dai lati di un disegno. Sono più comuni nei primi modelli.

Punto: Nei primi disegni, viene occasionalmente usato un punto invece di un nodo.

R

Riempitivi: Fili o corde che stanno al centro di un motivo e sono annodati intorno. Le corde centrali sono un altro nome utilizzato.

Ritrovamenti: Oggetti e dispositivi di fissaggio diversi da corde e funi possono essere utilizzati nelle creazioni di macramè per fare chiusure, ganci e altre caratteristiche utili o decorative. Fili per le orecchie e fermagli sono due esempi.

S

Segmento: Una sezione di un nodo, una corda o un motivo.

Sennit: Un sennet è una catena di nodi simili legati uno dopo l'altro.

Sintetico: Non naturale. Fibre artificiali come il polipropilene e il nylon.

SK (nodo quadrato): Un nodo popolare formato legando due corde attraverso una o più corde.

Smerli: occhielli formati ai bordi di un motivo macramè.

T

Tassello: Appoggio sulla quale viene lavorato il nostro progetto. Può essere di legno o metallico.

Treccia: incrocio di tre o quattro fili.

V

Verticale: Dall'alto al basso/basso all'alto.

Vintage: nodo, disegno o metodo era popolare nei primi anni del 1900 o prima. Alcuni nodi e stili antichi continuano ad essere impiegati nel macramè oggi, mentre altri si sono sviluppati o sono passati in disuso.

CONCLUSIONE

Complimenti per essere arrivato alla fine di questo libro. Come avevo anticipato, questa seconda parte del libro è stata molto breve. Come hai potuto vedere, ci sono veramente tante idee da proporre e realizzare. Ci sono svariati progetti molto semplici che puoi tranquillamente realizzare da solo, altri un po' più complessi; imparerai tutto con il tempo. Spero tanto che questo libro ti sia piaciuto, l'ho realizzato veramente con il cuore. A presto!

Printed by Amazon Italia Logistica S.r.l.
Torrazza Piemonte (TO), Italy

54031451R00116